Joseph Eduard Wessely

Antonj Waterloo

Verzeichnis seiner radirten Blätter

Joseph Eduard Wessely

Antonj Waterloo
Verzeichnis seiner radirten Blätter

ISBN/EAN: 9783743685031

Hergestellt in Europa, USA, Kanada, Australien, Japan

Cover: Foto ©Thomas Meinert / pixelio.de

Weitere Bücher finden Sie auf **www.hansebooks.com**

Kritische Verzeichnisse

von

Werken hervorragender Kupferstecher.

Siebenter Band:

ANTONJ WATERLOO

von

Prof. J. E. WESSELY.

HAMBURG,
Haendcke & Lehmkuhl.
1891.

ANTONJ WATERLOO.

Verzeichniss

seiner

RADIRTEN BLÄTTER

beschrieben

von

Prof. J. E. Wessely.

HAMBURG,

Haendcke & Lehmkuhl.

1891.

ANTONJ WATERLOO.

Der berühmte holländische Landschaftsmaler und Radirer **Antonj Waterloo** gehört zu jenen Künstlern des 17. Jahrhunderts, der mit so vielen anderen das traurige Loos theilt, dass die Zeitgenossen bei aller Bewunderung seiner Kunst vergessen haben, etwas Näheres über dessen Lebensschicksale mitzutheilen. Dazu mag der Umstand viel beigetragen haben, dass der Künstler meist in ländlicher Zurückgezogenheit, in der Stille der Waldungen und Triften schaffend, nur selten in die Oeffentlichkeit heraustrat. Wir sind grösstentheils auf Vermuthungen späterer Kunstschriftsteller angewiesen, die sich übrigens vielfach widersprechen und deshalb alle positiven Angaben illusorisch machen. Es mag wohl noch manche wichtige Notiz in den Archiven begraben sein und wir sind darum zur Geduld angewiesen, bis ein glücklicher Zufall uns nähere und sichere Nachrichten aufdeckt.

Als Geburtsort des Künstlers wird von einigen Amsterdam, von anderen Utrecht genannt, doch dürfte letztere Stadt den Vorzug grösserer Glaubwürdigkeit für sich haben. Was nun das Jahr seiner Geburt anbelangt, so sind die Angaben sehr verschieden; Descamps, Weigel und andere nennen das Jahr 1618; Siret sagt, dass er in die Lucasgilde von Utrecht 1619 eingetragen ist. Sollte dieses das Jahr seines Eintritts in die Gilde bedeuten, dann kann er offenbar nicht 1618, sondern früher geboren sein. Kramm kommt daher der Wahrheit, freilich nur im Allgemeinen, näher, wenn er Waterloo zu Ende des 16. oder zu Anfang des 17. Jahrhunderts geboren werden lässt.

Wer sein Lehrmeister in der Kunst gewesen ist, darüber ist selbst eine Vermuthung nicht aufgestellt worden; seine Kunstweise lässt auch auf keinen Künstler seiner Zeit rathen. Er dürfte bei einem geringen Künstler die Anfangsgründe erlernt und dann durch angebornes Genie sich emporgearbeitet haben. Nach allgemeiner Ueberlieferung soll er nur in einem kleinen Umkreise in der Nähe Utrecht's sich bewegt haben und hier künstlerisch thätig gewesen sein und zwar wird die Gegend zwischen Breukelen und Maersen genannt, zwischen Utrecht und Amsterdam, an der Vecht, der grossen Wasserstrasse, die nach Amsterdam führte. Jetzt besitzt diese Gegend viele Gärten und Landhäuser der reichen Amsterdamer; zur Zeit Waterloo's wird die Gegend noch sehr einsam und ruhig gewesen sein, ein bevorzugtes Plätzchen für einen Landschafter. Sein Freund J. Weenix war hier durch längere Zeit sein Gesellschafter gewesen und soll in dessen Gemälde oft Figuren und Thiere als Staffage gemalt haben.

Indessen dürfte Waterloo doch zuweilen weitere Ausflüge gemacht haben. Einmal zwingt uns zu dieser Annahme seine Radirung, welche die Stadt Rhenen vorstellt (No. 90 unseres Verzeichnisses), eine Stadt am Rhein, nicht weit von Utrecht, in der Richtung gegen Arnheim. Diese besitzt den schönsten gothischen Thurm Holland's aus dem Anfang des 16. Jahrhunderts. Diese Annahme wäre aber nur begründet, wenn die Aufnahme der Ansicht wirklich von Waterloo herrührt und nicht von seinem Landsmann Zeghers, wie wir später noch sehen werden. Uebrigens dürfte die Angabe sicherer begründet sein, dass der Künstler den Norden Deutschlands besucht habe. In der Kunsthalle von Hamburg werden nämlich mehrere Zeichnungen des Meisters aufbewahrt, welche Oertlichkeiten aus Hamburg's Umgebung darstellen und deren einzelne zu Radirungen der Folge No. 71—76 verwendet wurden. Andere scheinen am Ufer der Meuse, zwischen Lüttich und Dinant entstanden zu sein.

Seine gemalten Landschaften sind selten; man findet sie nur einzeln in verschiedenen Sammlungen an. Parthey erwähnt mehrere in deutschen Sammlungen, die jetzt aus denselben ausgeschieden sind. Man findet, durchgehends Waldlandschaften, solche noch in Hamburg, Gotha, Stuttgart und München. Er componirte sie nicht, sondern gab die Natur einfach, wie sie sich seinem Auge darstellte. Darum rundete er die Darstellung nicht durch harmonische Verschmelzung von Licht und Schatten ab und die Lichter erscheinen zerstreut auf denselben. Sie erscheinen als Studien, die unmittelbar nach der Wirklichkeit entstanden sind. Auch fehlte es ihm an der Zeit, diese Studien durch Retouchen fertig zu stellen, da ihn die Radirnadel unausgesetzt beschäftigte. Seine Zeichnungen, vielfach mit schwarzer Kreide ausgeführt, kommen öfters vor.

Sein Hauptruhm liegt in seinem radirten reichen Werke; als Meister der Radirnadel steht er ebenbürtig neben den ersten holländischen Künstlern seiner Zeit. Nicht allein die Natur erscheint mit allen ihren Reizen getreu auf die Kupferplatte übertragen, auch die technische Ausführung ist künstlerisch frei und muthet uns ganz modern an. Deshalb geniesst sein radirtes Werk von jeher eine besondere Achtung und Vorliebe bei den Kunstsammlern, wie seine Blätter sich auch zu trefflichen Vorbildern für das Studium des Landschaftlichen eignen, auch in dieser Hinsicht oft und erfolgreich benützt worden sind.

Waterloo ätzte vorerst seine Platten sehr leicht; die Abdrücke dieser Gattung tragen einen feinen Silberton, der ein Hochgenuss aller Sammler ist. Solche Abdrücke sind meist Probedrücke, d. h. sie erscheinen den späteren gegenüber oft unfertig, tragen keinen Künstlernamen, sind noch keiner Numerirung unterworfen und fehlen verschiedene Zusätze. Waterloo verstärkte dann vornehmlich die Baumstämme mit dem Grabstichel, auch Steine, Pflanzen tragen solche Ueberarbeitungen; es wurde dann das Laub vermehrt, an kahlen Aesten gänzlich hinzugefügt, kleine Aeste an den Stämmen und zuweilen selbst ganze Bäume angebracht. Solche vom Meister selbst überarbeitete Blätter sind sehr schön und überall, selbst im tiefsten Schatten durchsichtig. Nur wenn eine solche Platte durch häufigen Abdruck abgenützt wurde, treten diese späteren Ueberarbeitungen störend auf, da die feine Aetzung gelitten hat und nur die Grabstichelretouchen dominiren.

Später kamen die Platten in fremde Hände und wenn sie dann retouchirt wurden, erscheinen zwar die Abdrücke kräftig, aber ihr ursprünglicher Glanz wie ihre Frische ist verschwunden. Die Schatten sind schwer und undurchsichtig und bilden zuweilen unangenehm wirkende schwarze Flecken.

Mehrere Blätter im Werke Waterloo's weichen vom Charakter des Meisters ab und man ist gezwungen anzunehmen, dass sie nicht, wenigstens nicht ganz ihm angehören. Hercules Zeghers, der ebenfalls in Utrecht zur Zeit unseres Meisters lebte, aber vom Unglück heimgesucht frühzeitig starb, hat mehrere Landschaften radirt, die sehr selten sind, weil die Platten verloren gingen. Rembrandt hat eine grössere Landschaft mit Tobias nach Zegher's Tode erworben und überarbeitet, dabei die Darstellung in der Landschaft getilgt und an dieser Stelle eine Flucht nach Egypten radirt. Viele Platten von Zeghers, mit denen er Proben mit Farbendruck machte, hatten etwas Unfertiges an sich. Nun soll Waterloo einige derselben erworben und diese dann fertig gestellt haben. Die beiden Blättchen No. 1 und 2, die man auch zuweilen zu solchen nach fremder Vorarbeit hinterlassenen und von Waterloo vollendeten zählt, können übrigens Probearbeiten aus frühester Zeit sein. Dagegen wird man folgende Nummern zu den nach Zeghers überarbeiteten rechnen dürfen: No. 19, 20, 39, 90, 91 und 93. Diese Annahme wird auch durch den Umstand wesentlich unterstützt, als diese Blätter durch Waterloo nicht durch dessen Namen und *f.* oder *fecit* als dessen Arbeit beglaubigt sind, sondern nur die Bezeichnung *A. W. ex.* (*excudit*) tragen.

Waterloo's Radirungen sind grösstentheils zu Folgen von sechs oder zwölf Blatt vereint; nur eine Folge (3—6) besteht aus vier Blättern. So weit sie nach seinem Tode hinterlassen wurden, hat man sie zu einem Gesammtwerke vereint, das in beweglichen Lettern den Titel führt: „De geheele Werk van den vermaarden Landscapschilder Anthoni Waterloo, bestande in Hundert en ses en dertig verscheide Landschappen, alle door hem zelf konstig geteekent in 'Koper gemaakt. Zeer dienstig voor de Landschapschilder en Liefhebbers van de Teekenkunst. T'Amsterdam, gedruckt en to bekomen by Cornelis Danckerts voor aan op de Nieuwendyck in den Atlas." Dieser Titel ist äusserst selten und es ist zu bedauern, dass sich kein completes Exemplar mit diesem Titel erhalten hat, weil man sonst sicher angeben könnte, in welchem Zustand sich Waterloo's Blätter befanden, bevor fremde Hände sie zu retouchiren anfingen. Später kamen die Platten in den Besitz von Ottens, der seine Adresse hinzufügte. Unvollständig (88 Blätter) besass sie dann Basan, in dessen Verlag sie bereits mit vielen Ueberarbeitungen unter dem Gesammttitel erschienen: „Suite des quatre-vingt-huit paysages de differentes grandeurs, composés et gravés à l'eau forte par A. Waterloo...." Sie sind von geringem Werth und auf schlechtes Papier gedruckt; ganz werthlos sind die rothen Abdrücke.

Im Allgemeinen sind die Blätter von Waterloo nicht hoch im Preise; nur die frühen, namentlich Aetzdrücke oder solche vor hinzugefügten Arbeiten von des Meisters Hand werden hoch gezahlt.

Hinsichtlich des Todes unseres Meisters sind auch irrige Angaben gemacht worden. Er starb 1660, vielleicht später, in Utrecht; man sagt allgemein: im Spital und verbindet damit die Ansicht, dass er arm gestorben sei. Es war dies aber kein Spital, worin nur Arme Aufnahme fanden, es hatte verschiedene Abtheilungen, deren eine auch Bürger aufnahm, die sich einzahlten und damit ihren Lebensunterhalt selbst bestritten. Das Haus hiess Hiobs-Gasthuis und war sehr ansehnlich; in ihm wurde auch die Lucasgilde beherbergt und dieser Umstand erklärt es, warum Waterloo darin seine Lebenstage beschloss, wie es auch andere Künstler thaten. Er wurde auf dem Friedhof der Anstalt beerdigt.

Es lebte um dieselbe Zeit noch ein zweiter A. Waterloo (Adrian oder Anton), der aus Lille stammte und in Brüssel als Stempelschneider thätig war. Man verwechselte ihn mit unserem Meister, den man in Lille geboren werden liess, wie es irrthümlich in mehreren Gemäldekatalogen heisst.

Inhalts-Verzeichniss.

	No.
Abend, Der, im Walde	86
Adonis, Tod des	130
Allee im Walde	1
Alleen, Die beiden	67
Alpheus und Arethusa	125
Angler, Die drei	13
Apollo und Daphne	126
Bauer, Der, auf der breiten Strasse	69
Bauer, Der, mit dem Spaten	110
Bauern, Die vier, auf dem Hügel	14
Bauern, Die drei, vor dem Zaun	30
Bauernhaus am Ufer des Wassers	116
Baum, Der grosse, in der Mitte	38
Baum, Der schräggewachsene	58
Baum, Der schiefe, am Bach	App. 1
Bäumen, Gruppe von vier	84
Bauwerk, Das, mit dem runden Thurm	26
Brücke, Die hölzerne	6. 21. 59
Brücke, Die schräge	78
Brücke, Die steinerne	32. 81
Brücken, Die beiden	97. 101
Brückensteg, Der hölzerne	45
Brunnen, Der, mit dem Hebebaum	9
Dom, Der, und der Wasserfall	77
Dorfkirche, Die	11
Dorfstrasse, Die	29
Eingang zum Walde	107
Einsiedelei, Die	4. 47
Elias in der Wüste	136
Eseltreiber, Der	48
Familie, Die ruhende	88
Felsen, Der kahle	73
Felsenthor, Das	3
Fischers, Des, Abfahrt	25
Fischers, Des, Rückkehr	7
Flüsschen, Das, zwischen Felsen	50
Fort, Das, auf felsiger Höhe	98
Frau, Die fischende	App. 3

	No.
Hagars Abreise	131
Hagar vom Engel getröstet	132
Hasenjäger, Der	85
Haus, Das grosse, am Wasser	31
Haus, Das, mit kleiner Brücke	34
Haus, Das, im Grünen	54
Heerde, Die, vor der steinernen Brücke	102
Hirt, Der, auf der hölzernen Brücke	28
Hirt, Der schlafende	118
Hirten, Die beiden ruhenden	37
Hohlweg, Der, mit der Mutter	79
Hütte, Die, auf der Anhöhe	23. 27
Hütte, Die, im Mondschein	39
Hütten, Die beiden	76
Hund, Der saufende	120
Jäger, Die beiden	104. 105
Kapelle, Die, mit steinerner Treppe	51
Kirche, Die, mit dem Friedhof	22
Kirche, Die, in der Landschaft	40
Knaben, Die beiden	64
Knaben, Drei	36. 61
Knaben, Die badenden	87
Krämer, Der reisende	111
Kuhhirt, Der	82
Landschaft, Die waldige	65
Landschaft, Die felsige	74
Landstrasse, Die aus dem Walde kommende	117
Leiter, Die zum Wasser führende	16
Linde, Die grosse	113
Mann und Frau am Fusse der Eiche	41
Mann, Der, mit dem Hunde	42. 43
Männchen, Das bucklige	121
Mercur und Argus	127
Milchmädchen, Das	70
Mühle, Die, am Fusse des Berges	94
Mühle, Die, im Walde	103

	No.
Mühle, Die grosse	119
Mutter, Die ruhende, mit Kindern	122
Ortschaft, Die, mit dem spitzigen Thurme	24
Ortschaft, Die, am Canal	91
Ortschaft, Die, auf dem Hügel	92
Ortschaft, Die, im Thale	93
Ortschaft, Die, auf der Höhe	106
Paar, Das, unterhalb des Hügels	128
Pan und Syrinx	128
Plankensteg, Der	52
Prophet, Der, von Juda'.	133
Rhenen, Stadt	90
Reisende, Der, mit dem Hunde	60
Reisenden, Die, vor dem Wirthshause	8
Reisenden, Die beiden, im Gespräch	46
Reisenden, Die durch den Bach gehenden	109
Reiter, Die beiden	63
Ruine, Die	2
Schafe im Wasser	35
Schleusse, Die	20
Sephora beschneidet ihren Sohn	135
Stadt, Die, mit mehreren Ruinen	96
Stadtansicht	90
Steg, Der, im Walde	114
Steg, Der hölzerne	124
Strasse, Die, neben der Eiche	66

	No.
Thor, Das grosse	100
Thurm, Der viereckige, am Wasser	12
Thürme, Die beiden spitzigen	18
Tobias, Der junge, mit dem Engel	134
Venus und Adonis	129
Wagen, Der, auf der Strasse	15
Wald, Der, am Wasser	55. 57
Wald, Der lichte, mit neun Personen	80
Waldallee	62
Waldallee, Die natürliche	99
Waldeseingang	19
Waldlandschaft mit zwei Männern	112
Waldweg zwischen Gehegen	108
Waldweg, Der breite	115
Waldzaun, Der	56
Wanderer, Der schlafende	49
Wanderer, Der, im Walde	53
Wanderer, Die beiden	33. 123
Wasserfall, Der kleine	5
Wasserfall, Der doppelte	71
Wasserfall, Der dreifache	72
Wasserfall, Der grosse	75
Wege, Die beiden	89
Widder, Schaf und Bock	17
Wirthshaus und Mühle	10
Wirthshaus, Platz vor dem	95
Zaunthür, Die, unter Bäumen	44
Ziegenhirt, Der	App. 2

1. Die Allee im Walde.

In der Mitte sieht man eine Gruppe von hohen Bäumen, die rechts bis in die Tiefe reicht. Zwischen dieser Gruppe und einer zweiten links zieht sich vom Vorgrunde ein Weg, wie durch eine Allee, zum Hintergrunde, auf dem zwei Bauern gehen. Nahe am Rande rechts erheben sich zwei Tannen, deren Kronen den oberen Rand erreichen.

In der linken Ecke oben steht: *AW ex.*

Höhe 85, Breite 99 Millimeter.

I. Reiner Aetzdruck vor dem Azur des Himmels, vor dem Monogramm und vor der No. 8 rechts oben. Die Baumgruppe in der Mitte vorn hat lichte Stellen.

II. Diese lichten Stellen sind zugedeckt, mit dem Monogramm, aber noch vor der Nummer.

III. Die Nummer ist hinzugefügt.

IV. Aufgeätzt.

2. Die Ruine.

Eine zerfallene grosse Baulichkeit nimmt die ganze Breite des Blattes ein. In der Mitte ist ein gewölbtes Thor, über dem sich ein höheres Mauerwerk erhebt und durch das man in die Ferne sieht, wo theilweise links eine Mauer und rechts eine Brücke zu sehen ist. Das Mauerwerk ist mit Wucherpflanzen bedeckt, links vorn sieht man stark beschattetes Gestrüpp und rechts eine Pfütze mit Schilf.

In der oberen linken Ecke steht: *AW. ex.*

Höhe 84, Breite 102 Millimeter.

I. Vor dem Himmel, dem Monogramm und der Nummer. Auch der Schatten neben der Arcade links fehlt.

II. Mit dem Azur, dem Monogramm, dem Schatten der Arcade, aber noch vor der Nummer.

III. Mit No. 7 links oben.

3—6. Folge von vier kleinen Landschaften.

3. Das Felsenthor.

Der Felsen, der fast zwei Drittel der Breite des Blattes einnimmt und rechts bis zum Stichrand reicht, bildet ein natürlich durchbrochenes Thor, durch welches sich der Weg zum Hintergrund zieht. Der Felsen ist mit Gebüsch und Bäumen bewachsen; links im Grunde ein mässiger Berg. Am Wege rechts vorn sitzt ein Wanderer mit einem Tragkorb.

Links oben in der Ecke steht: *A. IV. F.*

Höhe 102, Breite 120 Millimeter.

I. Vor der No. 1 rechts oben und vor dem Monogramm. Aeusserst selten.

II. Mit dem Monogramm *AWF*, aber noch vor der Nummer.

III. Mit der Nummer, aber vor der Adresse.

IV. Unter dem Monogramm steht: *R. et J. Ottens ex.*

V. Diese Adresse ist wieder gelöscht.

4. Die Einsiedelei.

Am Fusse des mit Bäumen bewachsenen Felsens links sieht man die Einsiedelei, ein kleines Häuschen mit einem Glockenthürmchen an der Stirnseite. Vor dieser, näher dem Vordergrund, stehen neben einander zwei nach rechts geneigte Bäume, deren Kronen bis zum oberen Rande reichen. Rechts Fernsicht, die durch einen Hügel begränzt wird; vor diesem eine Reihe von Bäumen. Auf dem Wege rechts vorn schreitet ein Mann zur Einsiedelei und trägt auf dem Stock über der rechten Achsel ein Bündel.

Links oben steht: *A W f.*

Höhe 101, Breite 119 Millimeter.

I. Vor der No. 2 rechts oben.

II. Mit derselben, vor der Adresse.

III. Mit derselben Adresse wie bei vorhergehendem Blatte.

IV. Diese Adresse wieder getilgt.

5. Der kleine Wasserfall.

Rechts erheben sich mit Gebüsch und einigen Bäumen bewachsene Felsen, die bis zur Mitte des Blattes reichen; von links neigt sich ein Hügel, ebenfalls mit Gebüsch und Bäumen bedeckt, nach rechts bis zum Felsen, wo ein kleiner Wasserfall zu sehen ist, dessen Gewässer als Bach zum Vordergrunde fliesst. Im Grunde steigt ein Berg nach rechts zur Höhe hinan und links ist, noch entfernter, ein zweiter Berg sichtbar.

Links oben steht: *A W. f.*

Höhe 103, Breite 120 Millimeter.

I. Vor der Nummer. (Dutuit sagt überdies: *„le docteur Sträter signale un état avant les ombres claires du ciel sur les rochers à droite."*)

II. Mit der No. 3 rechts oben, vor der Adresse.

III. Mit der Adresse. Der kleine Hügel links vorn, der das Ufer des Wassers bildet, ist überarbeitet und fest contourirt.

IV. Die Adresse ist gelöscht.

6. Die hölzerne Brücke, die zur Felsengrotte führt.

Rechts im Mittelgrunde ist ein mit Laub bewachsener Felsen, der oben in zwei Spitzen ausläuft. In der Mitte desselben rechts ist der Eingang zu einer Höhle, zu dem eine Holzbrücke im Halbkreise führt. Auf diese Brücke treibt ein Hirt eine kleine Heerde hin. Den Vordergrund bildet ein stark beschatteter Hügel, auf dem sich links zwei Baumgruppen erheben, zwischen welchen zwei Figuren sichtbar sind. Im Grunde sind Berge.

Links oben steht: *A. W. f.*

Höhe 102, Breite 120 Millimeter.

I. Vor der No. 4 rechts oben.

II. Mit dieser Nummer, vor der Adresse.

III. Mit der Adresse.

IV. Diese ist wieder getilgt

Nach Analogie von No. 3 dürfte die ganze Folge 3—6 im frühesten Zustand (Probedruck) kein Monogramm tragen. Vor den Nummern sind die Abdrücke vor der Retouche.

7—18. Folge der kleinen Landschaften.

7. Rückkehr des Fischers.

Am Ufer eines Flusses liegt links eine Ortschaft zwischen Bäumen; man bemerkt eine Mauer am Ufer mit einem Thor und hinter derselben ein Gerüste, ein grösseres Haus und eine Hütte. Ein Mann im Kahne nähert sich hier dem Ufer. Rechts im Grunde sieht man eine Kirche mit hohem Thurm und eine Windmühle. Links oben steht 1.

Höhe 95, Breite 143 Millimeter.

Im Unterrande links steht: *Antoni Waterlo fecit et excudit.*

I. Vor der Nummer. Höchst wahrscheinlich wird es Probedrücke der ganzen Folge vor den Nummern geben. Der Rücken des Fischers ist fast weiss.

II. Mit der Nummer. In späteren Abdrücken ist der Himmel rechts fast ganz verschwunden.

8. Die Reisenden vor dem Wirthshaus.

An der Strasse, die aus dem Grunde links, wo eine Hütte steht, nach dem Vordergrund führt, steht das Wirthshaus, vor dessen Thür zwei Männer auf der Bank sitzen. Vor dem Wirthshaus steht der mit zwei Pferden bespannte Wagen, darin fünf Personen sitzen und vom Bettler, den ein Junge begleitet, um Almosen angesprochen werden. Hinter dem Wirthshause stehen Bäume, darunter rechts beim Rande einer, der fast ohne Laub ist.

Ohne Bezeichnung. Mit der Nummer 11.

Höhe 92, Breite 141 Millimeter.

I. Aetzdruck vor der Nummer, vor verschiedenen Aesten des vorderen Baumes rechts.

II. Mit No. 11 links oben.

III. Ueberarbeitet.

9. Der Brunnen mit dem Hebebaum.

Rechts befindet sich am Ufer eines Flusses, der links aus der Tiefe nach vorn fliesst und hier die ganze Breite des Blattes einnimmt, eine befestigte Ortschaft, von runden Thürmen und einer Mauer umschlossen, in der ein grosses Bogenthor den Zutritt zur Stadt gestattet. Am Ufer befindet sich der Hebebaum, der in einem gabelförmigen Balken schaukelt und das Wasser aus dem Fluss mittelst eines Eimers in einen Bottich, der auf vier Balken ruht, befördert, das dann in das Haus neben dem runden Thurme geleitet wird. Beim Ufer ein Kahn mit einem Fischer, am Lande andere Figuren. Links im Wasser schwimmen fünf Enten.

Ohne Bezeichnung. Mit No. 3 links oben.
Höhe 94, Breite 142 Millimeter.
I. Vor der Grabstichellinie, welche die Gränze zwischen Wasser und Land betont, namentlich unterhalb des runden Thurmes gegen rechts.
II. Mit derselben.

10. Das Wirthshaus und die Mühle.

Die mit Stroh gedeckte Mühle steht rechts im Vordergrunde; eine Wasserrinne, an der rechts auf dem Hügel ein Mann beschäftigt ist, führt dem Rade das Wasser zu. An der Ecke der Mühle, in der Mitte des Blattes, sitzt ein Weib mit dem Tragkorb und vor demselben steht ein Mann neben einem Weibe. Hinter der Mühle zieht sich ein bewaldeter Hügel zum Grunde, wo das Wirthshaus steht, an dem ein Wagen mit Reisenden vorbeifährt.
Ohne Bezeichnung. Mit No. 4 links oben.
Höhe 93, Breite 141 Millimeter.
I. Aetzdruck, vor Arbeiten an den Gebäuden, vor Kreuzschraffirung an den drei Figuren in der Mitte; vor Vermehrung des Laubes an den beiden hervorragenden Bäumen.
II. Mit diesen Ueberarbeitungen.

11. Die Dorfkirche.

Die in Kreuzform erbaute stattliche Kirche nimmt die rechte Seite des Blattes ein; über dem Dache erscheint ein kleiner Glockenthurm. Links zieht sich um die Kirche eine Mauer, durch welche ein Thor auf den Kirchhof führt und an die sich zwei Häuschen anschliessen. Auf dem Flusse links sieht man beim Ufer zwei Fischer im Kahn und rechts sitzt im Schatten ein Weib. Links oben die No. 5.
Ohne Bezeichnung.
Höhe 92, Breite 141 Millimeter.
I. Aetzdruck vor der Nummer, vor vielen Arbeiten, namentlich links unten in der Ecke fehlen die trockenen Aeste; der Erdhügel rechts hat keine wagrechte und senkrechte Schraffirung, der Kahn links ist vom Wasser noch nicht durch einen festen Strich getrennt, vor Vermehrung des Laubwerks in den Gebüschen über der rechts im Vordergrunde sitzenden Frau.

II. Mit diesen Zuthaten, noch immer vor der Nummer.
III. Mit der No. 5.

12. Der viereckige Thurm am Wasser.

Den ganzen Vordergrund nimmt das Wasser ein, das sich tief in den Hintergrund zieht, wo man links das mit Bäumen besetzte andere Ufer sieht. Rechts im Vordergrund steht der viereckige Thurm mit Zinnen oben, neben einer ruinösen Mauer. Hinter dem Thurm zieht sich das bewaldete Ufer zum Grunde, wo es ein runder Thurm abschliesst. Drei Kähne, darunter zwei bemannte, beleben die Wasserfläche.

Ohne Bezeichnung. Mit No. 6 links oben.

Höhe 91, Breite 142 Millimeter.

I. Aetzdruck vor der Nummer, vor dem grossen Fenster des Thurmes, vor der Profilirung des Kahns und der Männer in demselben; vor Zweigen des Gebüsches über der Mauer rechts nahe beim Rande und vor der senkrechten Strichlage in den beschatteten Theilen der Baulichkeiten.

II. Mit der Nummer und mit dem grossen Fenster, vor den über die Mauer rechts fallenden Aesten.

III. Mit den angegebenen Zuthaten.

Copie von der Grossherzogin Anna Amalie von Weimar.

13. Die drei Angler.

Links befindet sich, von Bäumen halb gedeckt, das Dorf; von demselben kommt nach rechts ein Canal, über den eine kleine hölzerne Brücke führt. Der Canal schlängelt sich rechts nach dem Hintergrunde, wo man einen Thurm bemerkt. Auf der Brücke sieht man die drei Angler; einer sitzt, die beiden anderen stehen und bei denselben befindet sich links der Hund.

Ohne Bezeichnung. Mit der No. 7 links oben.

Höhe 91, Breite 140 Millimeter.

I. Reiner Aetzdruck vor der Nummer und vor Arbeiten; das Bäumchen in der Mitte über dem Dach hat kein Laubwerk.

II. Mit der No. 7 und mit Kreuzschraffirung im Laub der Bäume links und des Bodens ebenda, mit belaubtem Bäumchen.

III. Die No. 7 ist in 11 verwandelt.

14. Die vier Bauern auf dem Hügel.

Von der Mitte des Blattes nach rechts erhebt sich ein fast runder aufgeworfener Hügel, eingefasst von einem Zaun und mit Bäumen besetzt. In der Mitte dieses Hügels sitzt ein und stehen zwei Bauern; ein vierter kriecht links über den Zaun. Links im Grunde flaches Land und zwischen Bäumen ein Dorf. Mit der No. 8.
Ohne Bezeichnung.
Höhe 92, Breite 140 Millimeter.

I. Aetzdruck, vor der No. 8. Vor Ueberarbeitungen, namentlich vor der diagonalen Strichlage der Hecke rechts beim Rande.

II. Der Hügel und die Hecke rechts beim Rande hat eine diagonale Strichlage (von oben rechts nach unten links) erhalten; der Schatten bei der Baumgruppe in der Mitte des Blattes ist verstärkt. Mit der Nummer.

15. Der Wagen auf der Strasse nach Scheveningen.

Links ist das Meer mit mehreren Schiffen und Personen; rechts erhebt sich die Düne, über welche der mit vielen Reisenden besetzte Wagen von zwei Pferden gezogen wird, denen ein Reiter und drei andere Personen voran sich bewegen. Im Grunde sieht man das Dorf Scheveningen mit einem Thurme. Mit No. 9.
Ohne Bezeichnung.
Höhe 95, Breite 143 Millimeter.

I. Fast reiner Aetzdruck, vor der Nummer.
II. Mit der No. 9 und überarbeitet.
III. Die No. 9 ist in 3 verwandelt.

16. Die zum Wasser führende Leiter.

Das Wasser nimmt den ganzen Vordergrund ein und zieht sich links in den fernen Hintergrund hin, wo eine Ortschaft sichtbar ist. Rechts im Vordergrund sieht man eine Mauer, an die sich ein Haus mit einem sechseckigen Thurme anschliesst, von dem ein Pfahlbau weiter zum Grunde geht. Hier landet ein Schiff und zwei Kähne mit vielen Personen am Wasser und am Ufer. Ein Kahn liegt auch bei der Leiter, die rechts an der Mauer lehnt und bei welcher oben drei

Männer beschäftigt sind, Fässer in den Kahn zu befördern, wo sie ein Mann in Ordnung bringt. Mit No. 10.
Ohne Bezeichnung.
Höhe 95, Breite 141 Millimeter.

I. Vor der Nummer, vor Arbeiten am Kahn bei der Leiter; vor der senkrechten Strichlage im Schatten des Thürmchens und bei der Leiter.
II. Mit der No. 10 und diesen Arbeiten.
III. Die No. 10 ist in No. 4 verwandelt.

17. Der Widder, das Schaf und der Bock.

Vom Bock sieht man nur den Vordertheil rechts vor dem Baume, der Widder liegt in der Mitte des Blattes und das Schaf steht links, fast vom Rücken gesehen.

Unten beim Rande gegen links steht *B.*, darunter ein Federbart oder eine Fischgräte, unter welcher ein kleines *f.* sich befindet. Links oben steht 11.

Höhe 95, Breite 145 Millimeter.

Dieses Blatt gehört keinesfalls unserem Künstler an, welche Ansicht von allen Kennern getheilt wird. Bartsch glaubt, es wäre von *Mac de Bye*, Rechberger vermuthet in *A. v. Boresom* den Urheber, Josi rathet auf *K. Dujardin*; in letzter Zeit neigt man sich der Ansicht zu, dass das Zeichen eine Fischgräte vorstelle und dass also *Barent Graat* hier als Urheber des Blattes anzusehen sei.

I. Vor dem *f.* Sehr selten.
II. Mit demselben.

18. Die beiden spitzigen Thürme.

Links am Ufer des Flusses, der sich in der Ferne rechts verliert, wo eine Stadt sichtbar ist und der im Mittelgrund von mehreren Schiffen belebt wird, liegt ein kleines Fort mit zwei runden Thürmen, welche spitzige sechseckige Dächer tragen. Zum Wasser herunter führen vom Ufer einige Stufen; zwei Männer befinden sich hier in einem Kahn. Mit No. 12.
Ohne Bezeichnung.
Höhe 92, Breite 140 Millimeter.

I. Vor der Nummer und vor Retouchen.
II. Mit der Nummer, mit Verstärkung mittelst Grab-

stichels, namentlich am Contour des Kahns, in den Umrissen der Schiffe.

III. Die No. 12 ist in 2 verwandelt.

19. Der Eingang zum Walde.

Den Vordergrund bildet ein sanft nach links aufsteigender Hügel, der mit Gras bewachsen ist und über den ein schmaler Weg in den schattigen Wald führt, der über den Hügel nach rechts abfällt, wo die Aussicht in die Ferne offen steht. Hier sieht man im Grunde eine Ortschaft.

Ohne Bezeichnung.

Höhe 87, Breite 145 Millimeter.

I. Vor der No. 12 rechts oben.

II. Mit derselben.

III. Die Nummer ist gelöscht.

Das Blatt hat für Waterloo etwas Fremdartiges; man hat es darum, da es ohnehin nicht bezeichnet ist, dem *Hercules Zeghers* zuschreiben wollen, dem es auch verwandter ist, als unserem Meister. Vielleicht hat Waterloo eine Platte des Zeghers überarbeitet? Dasselbe gilt auch von nachfolgendem Blatte No. 20.

20. Die Schleusse.

Links am Ufer des Canals, der vom Grunde kommt, steht ein aus Brettern gezimmertes Gebäude ohne Thür neben Gebüsch, aus dem sich ein trockener Baum erhebt. Die Schleusse befindet sich rechts; im Hintergrunde ist die Stadt und drei Windmühlen zu sehen.

Links oben steht die Bezeichnung: *A. W. ex.* (Siehe vorige Nummer.)

Höhe 93, Breite 153 Millimeter.

21—32. Folge von zwölf Landschaften,

links oben mit *a—m* bezeichnet.

21. Die hölzerne Brücke vor der Hütte.

Das Wasser, über welches links die hölzerne Brücke führt, kommt von links nach rechts, wo es sich in der Ferne verliert, und wo ein Segelschiff, ein Thurm und zwei Windmühlen zu erkennen sind. Links im Vordergrunde stehen zwei Bäume und zwei Weiden, zwischen beiden ist ein Zaun aus vier Planken errichtet. Auf der Brücke gewahrt man eine Stange mit der Schrifttafel. Ein Mann mit Stock geht über die Brücke hinüber, wo zwischen Bäumen das Dach einer Bauernhütte hervorsieht.

Rechts oben steht: *Antoni Waterlo fe. et ex.*

Höhe 93, Breite 145 Millimeter.

I. Vor der Retouche, vor der Adresse.

II. Mit der Adresse: *R. et J. Ottens ex.* nach dem Namen und mit *a*.

III. Mit: *Antoni Waterlo fe. et ex.* und mit *A*.

IV. Das: *et ex.* wieder gelöscht.

V. Anstatt *A* steht: *Tom. II* und rechts beim Namen: *page 259*. (So wurde es für Basan's Dictionnaire des graveurs verwendet.

VI. Wie im IV. Zustand, nachdem Basan's Zusatz gelöscht wurde.

22. Die Kirche mit dem Friedhof am Wasser.

Der Canal, der die ganze Breite des Vordergrundes einnimmt, verliert sich rechts in der Ferne, wo eine Kirche zwischen Bäumen, zwei Windmühlen und ein Segelschiff zu sehen sind. Am Ufer des Canals links steht hinter einer Mauer die Kirche und ein Haus; ein Thor führt zum Friedhof. Am Ufer verschiedene Personen; ein Schiff, darin fünf Personen sich befinden, wird von einem Reiter am Ufer mittelst einer Leine gezogen.

Ohne Bezeichnung.

Höhe 98, Breite 142 Millimeter.

I. Vor der senkrechten Kreuzschraffirung im beschatteten Theil der Kirchhofmauer links.

II. Mit derselben.

23. Die Hütte auf der Anhöhe.

Die Steigung des Bodens erreicht rechts ihren Höhepunkt und hier steht die Hütte, neben welcher, nach links hin, mehrere Bäume und Gebüsch hinter der Einfriedung durch Planken stehen. Vor der Hütte gewahrt man fünf Personen. Links im Grunde ist das Dach einer zweiten Hütte sichtbar und auf dem Wege bemerkt man zwei Männer.

Ohne Bezeichnung.

Höhe 93, Breite 144 Millimeter.

I. Vor Bearbeitung des Vordergrundes in der Mitte mit der kalten Nadel und vor Verstärkung der Umrisse des Weidenstammes links, der Planken am Wege u. s. f.

II. Mit diesen Arbeiten.

24. Die Ortschaft am Wasser mit dem spitzigen Thurm.

Die Ortschaft zieht sich von links in die Tiefe nach rechts am Ufer des Meeres hin, auf dem zwei Segelschiffe und ein Kahn mit zwei Männern zu sehen sind. Am Ufer, das hügelig ist, liegt die Ortschaft, aus deren Mitte sich die Kirche mit spitzigem Thurme erhebt. Am Dach derselben steht ein Storch. Rechts am Schluss des Ufers steht zwischen Bäumen eine Kapelle. Bei der Umfangmauer der Kirche sieht man zwei Mönche und links unterhalb der Leiter, die zum Wasser führt, eine Waschfrau.

Ohne Bezeichnung.

Höhe 94, Breite 145 Millimeter.

I. Vor verschiedenen Retouchen. Der Regen rechts über dem Wasser ist deutlich sichtbar.

II. Mit einigen Zusatzarbeiten in den Bäumen; der Regen ist fast verschwunden.

25. Abfahrt des Fischers.

Am Ufer des Wassers, das sich bis zum Hintergrund ausdehnt, wo man zwischen Bäumen eine Kirche und eine Windmühle sieht, zieht sich eine Mauer von links nach der Tiefe und schliesst sich an ein Haus und am Ende an einen halbrunden Thurm an. Links führt eine Thür über einige Stufen zum Wasser, wo zwei Fischer im Kahn eben vom Land stossen. Ueber der Mauer sehen ihnen drei Personen zu. Hinter dem Hause ist eine zweite Thür, vor der eine Landungsbrücke sich befindet, auf welcher zwei Männer sich befinden. Zwei andere im Kahn nähern sich denselben.

Ohne Bezeichnung.

Höhe 93, Breite 143 Millimeter.

I. Die Einfassungslinie oben ist sichtbar, wie auch die Nadelarbeiten am Himmel.

II. Beide sind fast verschwunden und in späteren Abdrücken nicht mehr zu sehen.

26. Das Bauwerk mit dem runden Thurm.

Das Fort mit dem runden Thurm zwischen Bäumen steht auf einer Landzunge, die links bis zum rechten Rande vom Wasser umgeben ist. Links im Grunde ist zwischen Bäumen eine Kirche sichtbar; nahe am Ufer der Landzunge bemerkt man ein Segelschiff und einen Kahn mit zwei Männern. Gegen links ganz vorn besorgt ein Mann die Ueberfuhr zweier Kühe in einem Kahn. Den rechten Vordergrund bildet ein mit Gras bewachsenes Ufer.

Ohne Bezeichnung.

Höhe 94, Breite 145 Millimeter.

I. Die obere Einfassungslinie ist sichtbar; vor Retouchen auf dem vordersten Ufer rechts. Mit einem hellen Fleck in der Mitte beim Unterrande.

II. Die Einfassungslinie ist verschwunden, wie auch die feinen Nadelarbeiten am Himmel. Mit der Retouche rechts unten; der weisse Fleck ist gedeckt.

27. Die Hütte auf dem Hügel.

In der Mitte des Blattes, im Mittelgrunde, steht zwischen Bäumen die Hütte auf einem aufgeworfenen Hügel; in ihrer Nähe sind verschiedene Personen und ein Wagen. Links des Hügels sieht man auf dem Meer vier Segelschiffe. Rechts vorn erhebt sich ein Hügel, zu dessen Füssen zwei Bäume stehen und auf dessen Rücken ein Wanderer mit Stock und Bündel nach links schreitet. In der Mitte vorn sieht man einen Kahn mit zwei Männern. Rechts im Grunde bemerkt man eine grössere Stadt.

Ohne Bezeichnung.

Höhe 95, Breite 146 Millimeter.

I. Das linke Knie des Wanderers rechts ist nicht beschattet; der Himmel ist gut sichtbar.

II. Mit einer Strichlage auf dem Knie, der Himmel ist fast ganz weiss.

28. **Der Hirt auf der hölzernen Brücke.**

In der Mitte des Blattes sieht man eine vom Wasser umgebene Insel, auf welcher man zwischen dichtem Gebüsch und hohen Bäumen zwei Dächer von Bauernhütten bemerkt. Mit dem Lande ist die Insel durch eine hölzerne Brücke rechts verbunden, über welche Schafe und zwei Kühe von einem berittenen Hirten getrieben werden. Links im Grunde jenseits des Wassers ist eine Kirche von Bäumen umgeben.

Ohne Bezeichnung.

Höhe 94, Breite 141 Millimeter.

Bei späteren Abdrücken ist der Azur des Himmels sehr schwach ausgedrückt; die Einfassungslinie sowie die Wolke rechts über dem Reiter sind verschwunden.

29. **Die Dorfstrasse.**

Diese zieht sich zwischen Strohhütten von rechts nach dem linken Grunde. Die Hütten sind von Bäumen umgeben. Rechts vorn sitzt im Schatten ein Bauer mit Stock auf dem Erdhügel, links erblickt man einen Reiter und einen Knaben mit dem Hunde.

Höhe 92, Breite 144 Millimeter.

I. Vor dem Namen und vor der Adresse.

II. Bezeichnet: *A. Waterlo fe.* und darunter *R. et J. Ottens ex.*

III. Die Adresse ist getilgt, das Blatt überarbeitet. Wie Weigel sagt, ist die Bezeichnung *A. Waterlo fe* von fremder Hand hergestellt worden.

30. **Die drei Bauern vor dem Zaun.**

Rechts stehen vier Hütten zwischen Bäumen, nach links lehnt sich eine eingezäunte Wiese an. Auf einem kleinen Hügel links sitzen zwei und steht ein Bauer mit langem Stock vor dem Zaune. Ebenda im Grunde sieht man eine Stadt mit einem Thurme.

Ohne Bezeichnung.

Höhe 95, Breite 141 Millimeter.

I. Vor Kreuzlagen über dem beschatteten Terrain rechts, wo man einen Aetzfleck sieht.

II. Dieser Aetzfleck ist mit Strichen gedeckt.

III. Ueber den ganzen Vordergrund geht von links eine diagonale Strichlage herab.

31. Das grosse Haus am Wasser.

Knapp am Wasser, das sich rechts bis in die weiteste Ferne erstreckt, steht links ein Haus mit einem Taubenschlag. Links führt eine Leiter, der sich ein Weib nähert, von dem hohen Ufer zum Wasser hinab, wo ein Mann im Kahn zu sehen ist. Weiter zum Grunde erscheint neben dem Hause eine Hütte und dann am Schluss der Mauer ein an diese angebautes Wachthäuschen. Hinter der Mauer sind Bäume sichtbar, vor derselben im Wasser zwei Männer im Kahn. Tief im Grunde erblickt man eine Hütte zwischen Bäumen und in der See vier Segelbarken.

Ohne Bezeichnung.

Höhe 91, Breite 140 Millimeter.

I. Vor Verbesserung der unteren linken Ecke, deren Einfassung noch nicht vollständig geschlossen ist.

II. Die Einfassung ist geschlossen.

32. Die steinerne Brücke.

Das Wasser dehnt sich über den ganzen Vordergrund aus; im Mittelgrunde ist links ein Damm, der durch eine steinerne Brücke mit dem Land rechts verbunden ist. Auf diesem bemerkt man im Grunde einige Hütten zwischen Bäumen. Rechts bei der Brücke steht ein grösserer Baum, links stehen bei derselben drei Männer und ein vierter nähert sich ihnen mit dem Hunde auf dem Damme. Rechts vorn ist ein Mann im Kahn zu sehen. Im Grunde links Häuser, ein Thurm und Bäume, sehr schwach ausgedrückt.

Ohne Bezeichnung.

Höhe 94, Breite 144 Millimeter.

I. Mit zwei Aetzflecken unter dem Hunde.

II. Diese sind getilgt.

33—38. Folge von sechs numerirten Landschaften.

33. Die beiden Wanderer im Walde.

Den Vordergrund bildet ein Hügel, auf dem rechts zwei Bäume stehen. Hinter dem Hügel dehnt sich Wasser über die ganze Breite des Blattes aus und ein Arm desselben verliert sich in der Mitte in der Tiefe. Am Ufer des Wassers vorn stehen zwei Wanderer. Der ganze Hintergrund ist waldig.

Links oben steht: *Antoni Waterlo. in. et f. et. ex.*

Höhe 114, Breite 142 Millimeter.

I. Links oben bezeichnet: *Antoni Waterlo. in. et f. et ex.* Vor der No. 1 rechts oben.

II. Mit der Nummer.

III. An Stelle von: *et ex* steht die Adresse von *R. et J. Ottens*.

IV. Diese Adresse ist gelöscht.

34. Das Haus mit kleiner Brücke.

Links stehen zwei Bauernhäuser, die durch einen Graben von der Strasse getrennt sind. Aus der Thür des ersten Hauses links führt eine kleine hölzerne Brücke über den Graben; ein Weib steht auf derselben und spricht mit einer Person, die sich hinter der Halbthür des Hauses befindet. Die Strasse, die in den Hintergrund führt, ist mit Bäumen eingesäumt und rechts stehen bei einem Wassertümpel zwei Weiden. Auf der Strasse spricht ein Mann, der einen Pack auf dem Rücken trägt, mit einem auf dem Boden sitzenden Weibe.

Rechts oben steht: *A. W. f.*

Höhe 114, Breite 140 Millimeter.

I. Vor der Nummer, vor dem kleinen belaubten Aste am Baum, welcher der Hütte links am nächsten steht. Der mittlere Baum in der Gruppe des Grundes hat keine diagonale Strichlage; auch fehlen an den Bäumen links vorn noch mehrere starke Aeste.

II. Mit diesen Arbeiten, mit der No. 2 links oben. Von der Einfassungslinie links und oben sieht man noch Spuren.

III. Diese Spuren sind verschwunden.

35. Die Schafe im Wasser.

In der Mitte des Blattes ist ein Hügel, auf dem vier Bäume stehen; zwischen diesem und einem zweiten Hügel ganz rechts führt der Weg zum Grunde, wo vier Bäume stehen. Links ist Wasser, durch das der Hirt seine Heerde treibt. Der Grund ist hügelig und mit Bäumen und Gebüsch besetzt.

Links oben steht: *A. W. ex.*, in der Mitte: *I. E. fe.*, rechts oben: *N° 3.*

Höhe 115, Breite 142 Millimeter.

Das Monogramm *I. E.* ist bisher noch nicht aufgeklärt. Kramm glaubt, es bedeute den Lütticher Maler *Jean Errard;* Nagler (Monogr. III, No. 2264) lässt aber Waterloo dieses Blatt nach *Jac. Esselens* radiren. Bei näherer Untersuchung glaube ich annehmen zu müssen, dass der unbekannte Monogrammist eine weit vorgeschrittene, aber nicht ganz vollendete Platte Waterloo's unter die Hand bekam, die er dann mit grossem Geschick vollendete. Manches am Baumschlag in der Baumgruppe rechts erscheint mir vom Charakter des Waterloo abweichend. Das *A. W. ex.* wäre dann freilich vom Monogrammisten ohne Grund hinzugefügt.

I. Vor der Kreuzschraffirung auf dem Schafe, das links, 8 Millimeter vom Rande entfernt steht, vor senkrechter Strichlage auf der Anhöhe rechts unten und vor dem Monogramm. (Dutuit.)

II. Mit diesen Zusatzarbeiten.

36. Die drei Knaben mit dem Hunde.

Waldlandschaft über hügeligem Boden; rechts stehen zwei Bäume, deren Kronen durch den oberen Stichrand unterbrochen sind. Von links ziehen sich nach rechts mehrere Baumgruppen bis zum Hintergrunde. Vor zwei Bäumen links ist ein Gebüsch, vor dem drei Knaben (der eine liegt auf dem Bauche) am Rande des Wassers ruhen, aus dem ein Hund heraussteigt.

Bezeichnet links oben: *A W f.* Dabei die No. 4.

Höhe 117, Breite 141 Millimeter.

I. Vor der Retouche in allen Schattenpartien; in der unteren Ecke links ist eine helle Stelle, die schwach geätzt war.

II. Mit der Retouche; die erwähnte Stelle in den Schatten gesetzt.

37. Die beiden ruhenden Hirten.

Links im Vordergrunde stehen zwei Bäume, hinter welchen der Weg nach rechts um einen Hügel sich hinzieht, auf dem ein Baum steht, an dessen Fuss ein sitzender und ein liegender Hirte ruht. Rechts ist der Horizont durch Bäume verdeckt, links sieht man ein hügeliges Land.

Bezeichnet rechts oben: *A W. f.* und *N° 4*.

Höhe 116, Breite 141 Millimeter.

I. Vor Kreuzschattirung des Bodens rechts vorn und auf der Terrasse im Mittelgrunde links.

II. Mit diesen Arbeiten.

38. Der grosse Baum in der Mitte.

In der Mitte des Vordergrundes steht auf einem kleinen Hügel ein grosser Baum, links ist eine Reihe von Weiden sichtbar, hinter welchen beim Rande ein Dach aus der Tiefe emporragt; rechts zieht sich der Weg aus dem Grunde nach vorne hin, wo rechts nahe am Rande ein Mann mit Stock auf dem Boden sitzt und mit dem Weibe spricht, das vor ihm steht und auf dem Kopfe einen Korb trägt. Hinter dem Weibe spielen zwei Hunde.

Links oben steht: *A. W. f.* und rechts die No. 6.

Höhe 116, Breite 137 Millimeter.

Das seltenste Blatt des Meisters. Man kann sich diese Seltenheit nicht anders erklären, als dass die Platte nach wenigen Abzügen verloren gegangen ist. In einer Amsterdamer Versteigerung wurde das Blatt mit 600 Gulden bezahlt.

Es giebt einige Copien von dem Blatte:

a) Aus dem Verlag von Berman in Wien.

b) Vom Verfasser dieses Katalogs, die im Archiv für zeichnende Künste von R. Naumann, 1863, S. 154, veröffentlicht wurde, bezeichnet: *J. Wessely cop. 1862*.

c) Von Ph. van der Kellen.

39. Die Hütte im Mondschein.

Die Hütte steht links am Ufer des Canals, sie hat eine Thür in der Mitte und ein Fenster; vor der Thür erhebt sich ein Baum und am Ufer sieht man Gebüsch, im Grunde einen spitzigen Thurm und über demselben den halb von Wolken verhüllten Mond.

Links oben steht: *A. W. ex.* und rechts die No. 6.

I. Reiner Aetzdruck; vor der Nummer.

II. Mit der Nummer; sonst vor Arbeiten.

III. Mit senkrechter Strichlage auf der Mauer der Hütte und vor Kreuzschraffirung auf dem Dache.

40. Landschaft mit der Kirche.

Im Vordergrunde ist eine Wiese, theilweise mit hohem Grase bewachsen, die sich über die ganze Breite ausdehnt, wie auch im Mittelgrund eine Ortschaft, über welche sich eine grosse Kirche mit breitem Thurme erhebt und die von vielen Bäumen umgeben ist. Links von der Kirche sind noch in der Ferne drei kleinere Thürme sichtbar. Rechts in der Ferne sind hinter dem Flusse noch weitere Baulichkeiten zu sehen. Eine Hügelkette begränzt den Horizont, der Himmel ist mit reichem Gewölk bedeckt.

Links oben steht: *A W ex.*

Höhe 109, Breite 137 Millimeter.

Diese Radirung ist von den anderen des Meisters so verschieden, dass ich auch hier vermuthe, Waterloo habe nur ein Blatt von H. Zeghers überarbeitet, was wohl auch vom vorigen Blatte No. 39 gilt.

I. Vor dem Monogramm *A W ex.* und der No. 5 rechts oben.

II. Mit dem Monogramm, aber noch vor der Nummer.

III. Mit der Nummer.

41—46. Folge von sechs Landschaften ohne Nummern.

41. Mann und Frau am Fusse der Eiche.

Die grosse Eiche mit zwei kleineren steht rechts am Rande des Weges, wo im Grunde aus dem Grün sich ein Thurm erhebt. Im Schatten der Eiche sitzt ein Mann auf der Erde im Gespräch mit dem neben ihm sitzenden Weibe. Links sieht man mehrere Baumgruppen, die sich in die Ferne vertiefen.

Bezeichnet links oben: *A. W.*

Höhe 107, Breite 160 Millimeter.

42. **Der Mann mit dem Hunde am Fusse des Hügels.**

Drei Gruppen von Bäumen füllen den Mittelraum aus, durch die in der Mitte gebildete Lichtung sieht man auf Gebäude im Hintergrunde. Links beim Rande geht ein Weib mit dem Kinde auf dem Wege, rechts vorn erhebt sich ein grosser Baum, dessen Aeste und Baumschlag links bis in die Mitte des Blattes reichen. Der Baum steht vor einem Hügel, an dessen Fusse der Wanderer mit dem Hunde sitzt.

Links oben steht: *AW*

Höhe 108, Breite 159 Millimeter.

43. **Der Mann im Mantel, vom Hunde gefolgt.**

Rechts ist an einer alten Mauer, die zwei Bögen zeigt und sich in den Mittelgrund vertieft, eine Hütte aus Brettern angelehnt. In der offenen Thür derselben steht ein Mann und scheint mit einem sitzenden Mann zu sprechen. Die Mauer ist mit Gebüsch besetzt, über dem sich ein Haus erhebt. Tiefer im Grunde steht ein runder Thurm, zu dem eine breite Treppe führt und neben demselben links ein viereckiger mit spitzem Dach. Am Rande links steht eine ruinöse Mauer, mit einem Baume oben besetzt. Zwischen dieser Mauer und der Hütte zieht sich der Weg zum Hintergrunde, auf dem ein Mann mit Mantel und Hut, vom grossen Hunde begleitet, geht.

Links oben steht: *Antoni Waterlo fe.*

Höhe 112, Breite 157 Millimeter.

44. **Die Zaunthür unter Bäumen.**

Diese erblickt man links; sie führt zu einer Hütte hinter Bäumen; rechts sieht man eine gezackte Mauer und weiter ein Haus mit einem Thürmchen und einer Vorlaube. Der Felsen ist mit Gebäuden besetzt; auf dem Wege gehen zwei Männer, deren einer ein Bündel am Rücken trägt.

Links oben steht: *A W F.*

Höhe 112, Breite 159 Millimeter.

45. **Hölzerner Brückensteg zwischen zwei Felsen.**

Zwei Felsen werden in der Mitte des Blattes durch einen Bach getrennt, der vom Hintergrunde nach vorn kommt und da über Steine einen Wasserfall bildet. Von einem Felsen zum anderen ist eine einfache Holzbrücke gespannt, die mit Balken gestützt und einem Geländer geschützt wird. Auf der Brücke geht von links ein Bauer dem Hirten entgegen, der einige Schafe vor sich hertreibt. Ein Knabe lehnt sich an das Brückengeländer. Der Felsen rechts ist mit Gebüsch und Bäumen besetzt, zwischen welchen ein Haus sichtbar wird.

Links oben steht: *Antoni Waterlo fe. et in. et ex.*

Höhe 110, Breite 157 Millimeter.

46. Die beiden Reisenden im Gespräch.

Neben einem sonnebeleuchteten Hügel links sitzt ein Reisender auf der Erde und unterhält sich mit dem zweiten stehenden, der vom Rücken zu sehen ist. Rechts ist auch ein Hügel und zwischen beiden zieht sich der Weg nach dem Hintergrund, wo zwischen Bäumen ein Dorf mit einer Kirche sichtbar wird; noch weiter zurück erblickt man eine Anhöhe mit einer Windmühle.

Links oben steht das Monogramm: *AW*

Höhe 108, Breite 160 Millimeter.

Von der ganzen Folge giebt es erste Abdrücke vor der Retouche.

47—52. Folge von sechs Landschaften.

47. Die Einsiedelei auf dem Hügel.

Ueber einem felsigen, mit Gebüsch und Bäumen bedeckten Hügel ist die Einsiedelei sichtbar, zu der links der Weg aus der Tiefe emporsteigt und oben über eine kleine steinerne Brücke führt, die sich über einen Abgrund spannt, in dem ein Bächlein über Steine rinnt und vorn rechts sich zu einem breiten Wasser ausdehnt. Auf dem Wege gehen zwei Eremiten hinauf; hinter der Brücke ist eine Gruppe von Bäumen und im Grunde ein Berg.

Links oben steht: *Antoni Waterlo fe. et in.*

Höhe 128, Breite 146 Millimeter.

I. Aetzdruck.

II. Ueberarbeitet.

48. Der Eseltreiber.

Links kommt zwischen steilen felsigen Ufern der Bach zum Vordergrunde; am Ufer links sieht man mehrere Häuser; das andere Ufer, dessen Felsen in mehrere Theile zerklüftet ist, bedecken mehrere Bäume, darunter vorn ein grösserer. Zwischen diesem Ufer und einer bewaldeten Anhöhe rechts treibt im Hohlwege ein Mann den Esel nach vorne.

Rechts oben steht: *Antoni Waterlo fe. et in.*

Höhe 129, Breite 147 Millimeter.

I. Aetzdruck.
II. Ueberarbeitet.

49. Landschaft mit dem schlafenden Wanderer.

Links ist ein Felsen, der mit Bäumen bewachsen ist, deren Aeste sich nach rechts neigen; ein starker Baum wird vom oberen Rande durchschnitten. Rechts ist ebenfalls ein Hügel mit Gebüsch. Zwischen diesem und dem Felsen zieht sich der Landweg in die bewaldete Ferne hin. Am Rande des Weges rechts liegt der schlafende Wanderer.

Rechts beim oberen Rande steht: *Antoni Waterlo fe. et in. et ex.*

Höhe 130, Breite 145 Millimeter.

50. Das Flüsschen zwischen Felsen.

Der Fluss, der vom Hintergrund nach dem rechten Vordergrund, wo er einen kleinen Wasserfall bildet, sich hinzieht, ist rechts von bewaldeten Felsen und links von einem niederen flachen Felsen, auf dem eine Baumgruppe steht, umgeben. Links steht ein hoher Baum, dessen Krone vom oberen Stichrand durchschnitten ist. Auf dem Wege, der in der Mitte des Blattes zum Grunde aufsteigt, sitzt ein Mann mit zwei Hunden.

Rechts oben steht: *Antoni Waterlo in. et ex.*

Höhe 127, Breite 145 Millimeter.

I. Vor dem Namen; der Baumstamm links ist dünner und an dessen rechter Seite sind unten keine kleinen Aeste zu sehen.

II. Der Name ist hinzugekommen, der Baumstamm ist dicker und man sieht die erwähnten Aestchen daran. Vor der Retouche.

III. Ueberarbeitet.

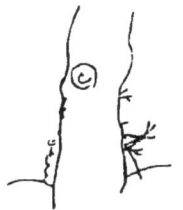

51. Die Kapelle mit steinerner Treppe.

Links steht auf dem Hügel, über den ein Weg führt, eine Kapelle mit kleinem Glockenthurm, zu deren oben abgerundetem Eingang eine steinerne Treppe führt. Hinter der Kapelle und am Rande des Hügels, in der Mitte des Blattes, stehen Bäume; am Fusse des Hügels fliesst zwischen Steinen ein Bach, der vom Grunde kommt und dessen Ufer rechts mit dem Hügel durch einen hölzernen Steg verbunden ist, über den ein Mann schreitet. Rechts zwischen Bäumen ein Haus und im Hintergrunde am Fusse der Berge Baulichkeiten.

Links oben steht: *Antoni Waterlo in. et ex.*

Höhe 126, Breite 150 Millimeter.

I. Vor den Kreuzstrichen am Felsen, auf den sich der Steg stützt.

II. Mit diesen Kreuzstrichen.

52. Der Plankensteg.

Aus der Tiefe kommt zwischen felsigen Ufern der Fluss und theilt sich vorn in zwei Arme, deren einer nach links sich wendet und der andere nach rechts, wo über ihn ein kleiner aus Planken hergestellter Steg führt. Zu demselben führt eine Strasse, welche rechts über die Anhöhe aus dem Grunde kommt und zum Steg herabführt. Nahe dem Steg sieht man auf der Strasse zwei Männer mit einem Hund. Rechts von der Strasse ist ein bewaldeter Hügel, links von derselben stehen auf dem felsigen Ufer Gebüsche und zwei Bäume. Auch das andere Ufer ist bewaldet und im Vordergrund links stehen mehrere hohe Bäume. In der Mitte des Blattes liegen zwei Baumstämme im Wasser.

Rechts oben steht: *Antoni Waterlo fe. et in.*

Höhe 125, Breite 148 Millimeter.

53—58. Folge von sechs Landschaften ohne Nummern.

53. Der Wanderer am Walde.

In der Mitte, über einem mässigen Hügel sieht man eine reiche Gruppe von Bäumen, unter denen der vorderste der stärkste ist und den oberen Rand mit seiner Krone berührt. Ein Bach scheidet diese Gruppe von dem rechts im Grunde befindlichen Walde. Um den Hügel geht eine Strasse herum und auf derselben schreitet ein Mann mit dem Hunde nach dem Grunde.

Rechts unten am Boden steht: $A\,II.\,F.$

Höhe 115, Breite 145 Millimeter.

I. Aetzdruck; der Weg erscheint fast weiss, man sieht fast die Linie nicht, welche das Wasser rechts von der Waldung scheidet, der Schatten des Baumschlags an der Baumgruppe ist wenig betont. Der Unterrand ist 5 Millimeter breit, daher die Höhe 109 Millimeter beträgt.

II. Der Unterrand ist zur Darstellung genommen worden, so dass er jetzt nur 1 Millimeter breit ist und dass jetzt das Monogramm 8 Millimeter vom Unterrande entfernt ist; mit weiteren Arbeiten. Ueber dem Steine in der Mitte des Blattes unter dem Baume sind verschiedene Gräser dazugekommen.

54. Das Haus im Grünen am Flussufer.

Der Fluss kommt vom Grunde nach vorn, an seinem Ufer rechts steht vom Gebüsch umgeben das kleine Haus. Am entgegengesetzten Ufer ist die Strasse, die sich zwischen zwei rechts stehenden und einem links beim Stichrande befindlichen Baume zum Grunde zieht, der waldig ist.

Im Unterrande steht links: $A\,IV\,F$

I. Aetzdruck; das Haus und die Bäume sind fast weiss; die Stadt im Grunde ist fast nicht zu sehen; vom grossen Baume links geht kein trockener Ast hervor.

II. Ueberarbeitet; die Stadt erscheint sichtbar; beim Rande hat der isolirt stehende Baumstamm einen trockenen Ast.

55. Der Wald mit Wasser und Gehege.

Das Wasser, von Schilf und Wald links begränzt, fliesst nach dem Vordergrunde. In der Mitte des Blattes stehen neben einander zwei Bäume, an denen der Weg rechts nach dem Grunde sich hinzieht, wo der Wald mit Planken eingezäunt ist, durch welche eine Thür in's Freie führt. Durch diese entfernt sich ein Mann. Hinter den Planken ist zwischen Gebüsch das Dach einer Hütte sichtbar.

Links unten im Wasser steht: *AW. F.*

Höhe 129, Breite 146 Millimeter.

I. Aetzdruck, vor vielen Arbeiten, vor dem Schilf links am Wasser und vielen Aesten an den Bäumen ebenda, vor dem Mann, der rechts in der Eingangsthür steht, vor dem zweiten Baumstamm, der hinter dem grossen Baume in der Mitte steht. Das Monogramm steht im weissen Unterrande.

II. Mit den erwähnten Gegenständen; der Baumschlag ist stark überarbeitet, vom Unterrande ist etwas in die Darstellung aufgenommen worden, so dass das Monogramm jetzt im Wasser steht. Es sind noch Spuren der früheren Einfassung sichtbar. Noch vor dem Mann in der Hausthür.

III. Aus dem grossen Baume treten oben trockene Zweige heraus; mit dem Manne in der Hausthüre.

56. Der Waldzaun.

Links im Vordergrunde erheben sich drei Bäume, deren Stämme sich kreuzen. Zu beiden Seiten derselben ziehen sich zwei Wege hin, um sich vor dem Eingangsthor des Waldgeheges zu vereinen; das Gehege ist aus Planken gebildet und schliesst einen Wald ein, der sich nahe bis zum rechten Stichrande ausdehnt und in dem man links das Dach einer Hütte bemerkt. Hinter der Eingangsthür stehen zwei Männer und rechts im tiefen Grunde sieht man stehendes Wasser.

Im schmalen Unterrande links steht: *AW. F.*

Höhe 125, Breite 141 Millimeter.

I. Probedruck. Die Gruppe der drei Bäume links lässt mehrere lichte Stellen sichtbar. Im Grunde rechts ist der Wald fast nicht zu sehen und durch keinen Strich vom Wasser getrennt.

II. Die Gruppe der Bäume links ist ganz überarbeitet, so dass sie sich vom Grunde abhebt; der Wald rechts ist besser sichtbar und durch Schilf vom Wasser getrennt. Zudem sind verschiedene Gräser im Vordergrunde hinzugefügt. Vor der Retouche.

III. Retouchirt.

57. Der Wald am Wasser.

Das Wasser, das aus dem Grunde kommt, nimmt den grössten Theil des Vordergrundes ein; dessen Ufer links ist mit Schilf besetzt und zeigt dichten Wald, der sich über zwei Drittel des Blattes nach rechts ausdehnt und sich für das Auge in drei sichtbare Abschnitte theilt. Rechts im Grunde ist eine Kirche mit spitzigem Thurme sichtbar; ebenda im Vordergrunde an einem mit Schilf bedeckten Ufer steht ein fast entlaubter Baum.

Höhe 125, Breite 141 Millimeter.

Im Unterrande links steht: *Antoni Waterlo ju. et fe.*

I. Aetzdruck. Der Baum rechts beim Rande ist ohne Baumschlag; das Wasser in dessen Nähe ist sehr hell, die Bäume in der Mitte des Blattes auf der kleinen Insel sind leicht behandelt.

II. Mit Baumschlag auf dem todten Baume.

III. Weiter überarbeitet. Dieser Baum erhielt einen neuen Ast, das Wasser und der Baum im Grunde bei der Kirche sind mit horizontalen Linien gedeckt und der ganze Baumschlag fleissiger durchgeführt.

58. Der schräg gewachsene Baum.

Links beim Rande steht der grosse schräg gewachsene Baum, nach rechts sich neigend, dessen Krone vom oberen Rande durchgeschnitten wird. Um den Hügel, auf dem der Baum steht, breitet sich das Wasser aus, das mit Schilf an seinen Ufern besetzt ist. Im Grunde ist Wald und Gebüsch, das rechts eine kleine Aussicht in die Ferne erlaubt.

Rechts im Wasser unten steht: *A W. F.*

Höhe 127, Breite 140 Millimeter.

I. Aetzdruck. Der Stamm des schrägen Baumes hat in der Mitte weisse Stellen; in der Mitte des Blattes steht nur ein Baum, der Baumschlag ist leicht gegeben, der Baum rechts am Rande hat nur eine Gabel, das Wasser ist rechts, wo das Monogramm steht, sehr wenig beschattet.

II. Ueberarbeitet. Baumstamm und Baumschlag sind dunkler, in der Mitte stehen zwei Bäume dicht bei einander, der Baum rechts zeigt doppelte Gabeln, das Wasser rechts ist in Schatten gestellt.

59—64. Folge von Landschaften.

Sie sind rechts oben *a—f* bezeichnet.

59. Die hölzerne Brücke neben dem Waldzaun.

Die rechte Hälfte des Blattes nimmt ein mit Planken eingefasster Wald ein, aus dem ein Bach nach vorn fliesst. Ueber diesen geht ein hölzerner Steg, dem sich von links, wo vorn ein Baum steht, ein Mann mit einem Weibe nähert. Im Grunde links sieht man Gebüsch.

Links oben steht: *Antoni Waterlo fe.*

Höhe 126, Breite 144 Millimeter.

I. Vor der Adresse von R. et J. Ottens und vor der Retouche in den Schattenpartien. (Weigel erwähnt einen Probedruck, beschreibt ihn aber nicht. Ebenso von der nächsten Nummer.

II. Mit der erwähnten Adresse und retouchirt.

III. Die Adresse ist wieder gelöscht.

60. Der Reisende und sein Hund.

Am Ufer eines Baches befindet sich links der Wald, aus dem ein Felsen hervorsieht und der sich bis zum Grunde ausdehnt. Auf dem rechten Ufer des Baches zieht sich, an einem Busch vorbei, der Weg zum Grunde hin und wird in seiner Fortsetzung rechts durch einen mit Bäumen bewachsenen Felsen gedeckt. Auf dem Wege wandert der Mann mit Stock und Bündel nach dem Grunde und ist von seinem Hunde gefolgt.

Links oben steht: *A Waterlo fc.*

Höhe 126, Breite 142 Millimeter.

I. Aetzdruck.

II. Mit dem Grabstichel bearbeitet.

61. Drei Knaben mit ihren Hunden.

Links am Rande ist ein mit Bäumen besetzter Felsen zu sehen, an dessen Fuss sich der Weg zum Grunde hinzieht. Dieser Weg ist durch einen langen Hügel in zwei Theile getheilt. Rechts sieht man beim Hügel, der den rechten Rand berührt, die drei Knaben, deren zwei sitzen und auf dem Wege zwei spielende Hunde. Im vertieften Grunde ist Wald, aus dem ein Dach hervorsieht.

Rechts unten auf dem Wege steht: *A W.*
Höhe 124, Breite 140 Millimeter.
I. Vor Ueberarbeitung der oberen linken Ecke mit Kreuzstrichen.
II. Mit derselben.

62. Die Waldallee.

Rechts am Rande stehen vier Bäume, welche mit den vier gegenüberstehenden, auf einem Hügel sich erhebenden vier Bäumen eine Allee bilden, durch die der Weg vom Vordergrund in die Tiefe führt, wo in der Vertiefung zwei Figuren vom Rücken gesehen erscheinen. Neben dem Hügel ist ein kleiner Wasserfall und ein Bächlein; links zieht sich ein Wald zum Hintergrund hin.
Links oben steht: *Antoni Waterlo fc.*
Höhe 121, Breite 141 Millimeter.
I. Vor Grabstichelarbeiten am Baumstamm in der Mitte.
II. Mit denselben.

63. Die beiden Reiter.

Auf hügeligem Terrain bildet Wald den Hintergrund. Links ganz vorn ist ein grosser Baum und hinter demselben ein kleiner dürrer. Der Weg geht nach rechts, wo im Vordergrunde auf demselben ein reitender Herr neben einer Dame auf dem Maulesel zu sehen ist, denen ein Hund vorausspringt und ein Diener nachläuft.
Links oben steht: *A Waterlo fc.*
Höhe 119, Breite 143 Millimeter.
I. Bezeichnet rechts oben mit *g*.
II. Das *g* ist in das richtige *e* verwandelt.

64. Die beiden Knaben mit dem bellenden Hunde.

In der Mitte des Blattes stehen vorn vier Bäume, deren Kronen bis zum oberen Rande reichen. Am Hügel vorbei geht rechts der Weg zum tieferen bewaldeten Hintergrunde herab und wird rechts vorn vom Gebüsch und Bäumen begränzt. Links in der Ferne Bäume. Eben da ganz vorn sieht man zwei Knaben, die der Hund anbellt.
Links oben steht: *A Waterlo fc.*
Höhe 121, Breite 140 Millimeter.

I. Vor verschiedenen Strichlagen links und rechts am Boden und vor Verstärkung des Schattens hinter den zwei gekreuzten Bäumen in der Mitte.

II. Mit diesen Zusätzen.

65—70. Folge von sechs oben rechts numerirten Blättern.

65. Waldige Landschaft mit der Kapelle.

Links auf der felsigen Anhöhe, die das Ufer eines vorbeifliessenden Bächleins bildet und auf der man zwei nach rechts sich neigende Bäume sieht, erhebt sich im Grunde die Kapelle mit kleinem Glockenthurm, dessen Kreuz schief steht. Rechts ganz vorn steht ein verstümmelter Baum mit zwei reich belaubten Aesten; hinter diesem zieht sich der Weg nach dem Hintergrunde; auf diesem wandert, vom Rücken gesehen, ein Mann mit einem grossen Gepäcke. Im Grunde Waldung.

Links oben steht: *Antoni Waterlo f. et in.*

Höhe 121, Breite 154 Millimeter.

I. Vor zwei Glitschern links neben dem Packträger und vor der Adresse von *R. et J. Ottens.*

II. Mit den Glitschern, aber noch immer vor der Adresse.

III. Mit derselben.

IV. Dieselbe ist wieder gelöscht.

66. Die Strasse neben der Eiche.

Gegen rechts steht auf einer Anhöhe die Eiche, deren Krone bis zum oberen Rande reicht. Rechts von derselben sieht man ein Aehrenfeld und im Grunde Waldung. Links beim Rande ist ein Baum, dessen Spitze abgebrochen ist, mit einem dicht belaubten Aste; dahinter auf einer Anhöhe mehrere Bäume. Zwischen beiden Anhöhen zieht sich vom Grunde nach vorn der Weg, auf dem zwei Männer aus der Vertiefung, halb sichtbar, sich nähern. Rechts ganz vorn sitzt ein Mann und steht ein zweiter vor ihm.

Links oben steht: *A. W. f.*

Höhe 132, Breite 115 Millimeter.

I. Vor verschiedenen Zusätzen. Später wurden neue

Zweige hinzugefügt; vor Stichelarbeiten an der grossen Eiche rechts und am Baumstamm links.

II. Mit diesen Zusätzen.

67. Die beiden Alleen.

Rechts sieht man vorn eine Gruppe von fünf Bäumen, hinter welchen eine Allee erscheint, in welcher ein Mann in seinem Mantel nach vorn schreitet und im Vordergrund einen sitzenden Reisenden, zu dessen Füssen ein Krug steht. Links zieht sich die zweite Allee in die Tiefe hin.

Bezeichnet rechts oben: *A. W.* (links) und *3* (rechts).

Höhe 131, Breite 146 Millimeter.

68. Das Paar unterhalb des Hügels.

In der Mitte des Blattes erhebt sich ein Hügel, auf dem fast im Dreieck drei grosse Bäume stehen. Rechts beim Rande im Mittelgrund ist zwischen Gebüsch und Bäumen das Dach einer Bauernhütte zu sehen. Zwischen dieser und dem Hügel zieht sich der Weg vom Grunde nach vorn rechts hin. Vor den Bäumen, auf einem kleineren Hügel sitzt ein Mann neben einem Weib, das die linke Hand erhebt. Links im Grunde erblickt man zwischen Bäumen das Dach eines Hauses.

Links oben steht: *A IV ex.*

Höhe 133, Breite 141 Millimeter.

I. Vor der schrägen Strichlage des Daches der Hütte rechts.

II. Mit derselben.

69. Der Bauer auf der breiten Strasse.

Den Vordergrund bildet eine nach rechts aufsteigende Anhöhe, auf der gegen links ein Baum und rechts zwei neben einander stehende Bäume zu sehen sind. Zwischen den Bäumen führt ein breiter Weg zu der in der Vertiefung des Mittelgrundes zwischen Bäumen liegenden Ortschaft. Auf der Strasse geht ein Bauer mit einem Stocke über der Achsel. Links im Thale sind zwischen Bäumen ebenfalls Dächer bemerkbar.

Ohne Bezeichnung.

Höhe 131, Breite 147 Millimeter.

I. Man sieht rechts im Vordergrunde einen Reiter, der sich nach dem ihm folgenden Bettler umsieht, der seinen Hut ihm entgegenstreckt.

II. Diese beiden Figuren sind getilgt und die Stelle mit Strichen bedeckt.

70. Das Milchmädchen.

Waldgegend, durch die in der Mitte des Vordergrundes an einer Gruppe von grossen Bäumen vorbei der Weg zur Stadt im Hintergrunde führt. An die Baumgruppe schliessen sich nach rechts in die Tiefe hin andere Bäume an und auch links neben der Strasse stehen auf einem Hügel mehrere Bäume. Auf dem Wege ganz vorn schreitet ein Milchmädchen, Gefässe auf dem Kopfe tragend und ein Kind mit der Rechten führend.

Ohne Bezeichnung.

Höhe 132, Breite 146 Millimeter.

I. Vor dem Baumstamm, der in der Mitte des Blattes hinter dem starken Baume sichtbar ist und sich nach rechts ein wenig neigt.

II. Mit demselben und mit Kreuzstrichen auf dem Weib und dem Kinde.

71—76. Folge von sechs Blättern ohne Nummern.

71. Der doppelte Wasserfall.

Von der Höhe links im Grunde, welche rechts von einem Felsen begränzt wird, neigt sich das Terrain zum Vordergrunde, wo zwischen Felsen ein doppelter Wasserfall sich bildet und sein Wasser zum Flusse sendet, der sich über die ganze Breite des Vordergrundes ausdehnt. Der felsige Hügel links und der Fels in der Mitte sind mit Bäumen besetzt; zwei weitere Bäume erheben sich vorn in der Mitte über das Gebüsch. Rechts im Grunde Berge, auf dem vordersten Baulichkeiten.

Rechts oben steht: *A W. f.*

Höhe 114, Breite 166 Millimeter.

Die Platten dieser Folge sind bald verloren gegangen, weshalb keine retouchirten Abdrücke bestehen.

72. Der dreifache Wasserfall.

Links zieht sich ein Weg in die Höhe, ein Mann und ein Weib ruhen im Schatten an demselben. Links ist der Weg eingefasst von einer Anhöhe, auf der sich eine Art Castell befindet und rechts (in der Mitte des Blattes) von einem schroffen, mit Bäumen bewachsenen Felsen. Rechts ist Hügelland und zwischen diesem und dem Felsen ist der dreifache Wasserfall, der von einem hochgelegenen Wasserbecken gespeist wird. Die Landschaft im Grunde rechts ist bergig; man sieht am Wasser und höher hinauf verschiedene Baulichkeiten.

Rechts oben steht: *A. IV. F.*

Höhe 116, Breite 165 Millimeter.

73. Der kahle Felsen.

Der Vordergrund steigt nach links in die Höhe; aus ihm erhebt sich in der Mitte des Blattes ein hoher, steiler und ganz kahler Felsen, vor dem, zu dessen Füssen, einige Bäume stehen. Ganz vorn sieht man einen sitzenden Mann mit dem Tragkorb und zwei stehende in Unterredung. Links erhebt sich ein Berg und zwischen ihm und dem Felsen ist in der Tiefe zwischen Bäumen eine Kirche mit spitzigem Thurme sichtbar. Rechts fliesst der Fluss, an dessen diesseitigem Ufer mehrere Personen stehen; am jenseitigen ist eine Ortschaft, Felsen und in der Ferne Berge zu sehen.

Rechts oben steht: *A IV f*

Höhe 118, Breite 166 Millimeter.

74. Felsige Landschaft.

In der Mitte des Vordergrundes und rechts sieht man mehrere durcheinander geworfene Felsstücke, die theilweise mit Gebüsch bedeckt sind. Ganz vorn breitet sich ein von den Felsen eingeschlossener Wassertümpel aus. Im Mittelgrund erhebt sich ein compacter, mit Gebüsch bewachsener Felsen und rechts steigt ein Berg so hoch, dass dessen Spitze über dem oberen Rande zu denken ist. Links Fernsicht auf Hügel.

Links oben steht: *A. W. F.*

Höhe 115, Breite 166 Millimeter.

75. Der grosse Wasserfall.

Der Mittelraum des Blattes ist von einem mit reichem Gestrüpp bewachsenen Felsen besetzt, der in der Mitte zerklüftet ist und durch die Spalte dem mächtig heranbrausenden Wasserfall freie Bahn gewährt. Ueber Steine rollt das Wasser bis zum Vordergrunde. Links vorn steht eine Gruppe von Bäumen; der vorderste derselben hat seine aufgedeckten Wurzeln über dem Boden ausgebreitet. Ebenda liegen verschiedene dürre Aeste. Rechts zieht sich zwischen Bäumen ein Weg zum Hintergrund hin.

Links oben steht: *A W.*

Höhe 117, Breite 168 Millimeter.

76. Die beiden Hütten am Fuss des Berges.

Am Fusse eines hohen, vielfach mit Gebüsch bewachsenen Berges stehen links zwei Hütten. Vor der Thür der vorderen steht ein Mann vor einem Kinde, die hintere trägt ein Kreuz auf dem Dach. Links, ganz vorn, schreitet ein Mann mit dem Bündel auf dem Wege, der zum Hintergrunde führt, wo hinter Bäumen eine Ortschaft sichtbar ist. Die rechte Hälfte des Blattes nimmt ein mächtiger, im Schatten stehender Felsen ein, der mit Gebüsch und in der Höhe mit mehreren Bäumen besetzt ist, deren Kronen vom oberen Rande durchschnitten werden.

Links oben steht: *A W. f.*

Höhe 113, Breite 167 Millimeter.

77—82 Folge von Landschaften.

Sechs Blätter, bezeichnet rechts oben *A — F.*

77. Der Dom und der Wasserfall.

Beim linken Rande ist ein mit Bäumen bewachsener Felsen, um den sich der Weg herumwindet, an dessen Rande, in der Mitte des Vordergrundes sich ein kleiner dicker Baum nach rechts neigt. Weiterhin bemerkt man fünf Personen, zwei Männer, ein Weib und etwas tiefer unter ihnen zwei Kinder. Der ganze Hintergrund ist aus zerklüfteten, mit Bäumen bewachsenen Felsen gebildet, zwischen welchen sich das Wasser von der Höhe herabstürzt und einen Fluss bildet, der zum Vordergrund nach rechts fliesst. Ueber dem Wasserfall ist ein Aquaeduct zu sehen und hinter demselben erhebt sich ein domartiges Gebäude mit einer Kuppel. Ueber dem Felsen rechts zieht sich eine Strasse zur Höhe, auf der zwei Personen gehen. Ueber derselben steht ein Haus und über dem niedrigen Hügel gegen links ist zwischen Bäumen eine Hütte sichtbar.

Oben fast in der Mitte steht: *Antoni Waterlo fe. et in ex.*

Höhe 132, Breite 158 Millimeter.

Auch die Platten dieser Folge scheinen verloren gegangen zu sein, da es nur alte Abdrücke derselben vor der Retouche giebt.

78. Die schräge Brücke.

Links sieht man einen mit Bäumen und Buschwerk bewachsenen Felsen, an dessen Fusse nach vorn ein Bach mit Wasserfällen zum Vordergrunde fliesst, den ein niedrigerer Felsen in zwei Theile scheidet und über den vom linken Felsen sich eine Holzbrücke zum rechten Ufer neigt, wo ein Weg neben bewaldeten Felsenabhängen zu derselben hinaufführt. Auf der Brücke treibt ein Hirt seine Schafe nach rechts, wo ihm nahe am Holzkreuz ein Weib mit dem Korbe auf dem Kopfe entgegenkommt.

Links oben steht: *A. Waterlo fe. et in.*

Höhe 131, Breite 157 Millimeter.

79. Der Hohlweg mit der Mutter.

Links erhebt sich über einem Hügel, der über die Hälfte des Vordergrundes füllt, ein starker Baum bis zum oberen Stichrande. Hinter demselben sind noch drei kleinere und weiter zurück eine Waldung zu sehen. Auf einem kleinen Hügel rechts stehen mehrere schwache Bäume und zwischen beiden Hügeln ist der stark beschattete Hohlweg, auf dem eine Mutter mit drei Kindern nach vorne schreitet und von einem Manne gefolgt ist, der ein Bündel und über der Achsel einen Stock trägt. In der Ferne rechts Waldung.

Links oben bezeichnet: *A. W.*

Höhe 132, Breite 150 Millimeter.

80. Lichter Wald mit neun Personen.

Ueber hügeligem Boden erheben sich in verschiedenen Abständen grosse und kleine Bäume, darunter eine Eiche in der Mitte der stärkste ist. Zwischen den Bäumen führt der Weg von links nach rechts im Vordergrund und wird hier durch einen beschatteten Hügel und Gebüsch gedeckt. Rechts reitet ein Mann, dem der Hund vorangeht und der von einem laufenden Manne gefolgt wird. Hinter der Eiche treibt ein Hirt seine Schafe, links gehen im Grunde zwei Männer und vorn sitzen auf einem platten Hügel drei andere, vor denen ein vierter, auf den Stab gestützt, steht.

Links oben steht: *A. IV. f.*

Höhe 131, Breite 152 Millimeter.

81. Die steinerne Brücke mit dem Hirten.

Zwischen zwei Felsen, die durch eine kleine hölzerne Brücke, auf der ein Mann schreitet, verbunden werden, drängt sich links über Steine ein Bach zum rechten Vordergrunde. Ueber denselben führt eine steinerne Brücke mit zwei Bogen und über dieselbe treibt der Hirt die Heerde nach rechts, wo auf dem rechten Ufer Gebüsch und zwei Bäume sich befinden, deren stärkerer nach links geneigt ist. Rechts im Grunde auf bewachsener Felsenhöhe sieht man Baulichkeiten mit einem runden Thurm, dahinter in der Ferne Berge.

Links oben steht: *Antoni Waterlo fe. et in.*

Höhe 131, Breite 157 Millimeter.

82. Der Kuhhirt in einer Landschaft mit der Mühle.

Auf einem Hügel stehen links beim Rande fünf Weidenbäume zu einer Gruppe vereint, um die sich der Weg zum Vordergrunde herumzieht und auf dem der Kuhhirt drei Kühe und vier Schafe treibt. In der Mitte des Blattes steht ein starker Baum, dessen Krone den oberen Rand berührt und weiter nach rechts, nahe dem Flussufer zwei kleinere. Rechts sieht man die Mühle und dahinter ein Haus, beide mit Strohdächern gedeckt. Im Grunde ist Gebüsch, aus dem ein spitziger Thurm hervorsieht.

Ohne Bezeichnung.

Höhe 121, Breite 155 Millimeter.

83—88. Folge von sechs Blättern ohne Nummern.

Was von den zwei vorhergehenden Folgen, gilt auch von dieser Folge.

83. Die Gruppe von vier Bäumen.

Diese stehen auf einer Anhöhe in der Mitte des Blattes und ihre Kronen reichen fast zum oberen Rande. Die Anhöhe entlang führt der Weg von rechts nach dem Hintergrund und ist auf der rechten Seite von einem Walde begränzt. Auf dem Wege schreitet ein Herr mit Mantel und Hut und führt ein Kind. Ihnen entgegen kommt ein Weib mit einem Hunde. Links im Vordergrunde sieht man einen vom Gebüsch und Schilf eingefassten Sumpf und ebenda im Hintergrunde eine Stadt mit einem spitzigen Thurme.

Links oben steht: *Antoni Waterlo. fe. et ex.*

Höhe 140, Breite 175 Millimeter.

I. Probedruck vor dem gestochenen vierten Baume links.

84. Waldlandschaft mit dem Entenjäger.

Neben der Waldung beim linken Rande zieht sich der Weg nach vorn; rechts von ihm stehen vier hohe Bäume und ein Weidenbaum am Ufer des Wassers, das sich aus dem Mittelgrunde zum rechten Vordergrunde ausbreitet. Auf dessen rechtem Ufer steht eine Gruppe von vier kleineren Bäumen und hinter dem Wasser ist Gebüsch und Waldung. Links vorn kniet der Jäger und ist im Begriff, auf wilde Enten zu schiessen, die er im Schilf entdeckt hat. Vor ihm liegt der Hund.

Ohne Bezeichnung.

Höhe 138, Breite 169 Millimeter.

I. Vor vielen Zusätzen. Der Zweig, der vom Baume links in der Richtung zum Jäger herabfällt, hat nur wenige Seitenzweige; vor den grossen Kräutern vor dem Hunde; die Linien des Wassers reichen nicht bis zum rechten Rande.

II. Der Zweig hat mehrere Seitenzweige und geht über die Flinte bis zum Hals des Hundes herab, die Linien des Wassers berühren den Rand; mit den grossen Kräutern.

85. **Der Hasenjäger.**

Links ist ein grosser Hügel, der sich nach rechts bis zum Rande herunter neigt und mit einer Gruppe von acht Bäumen besetzt ist. Diesen Hügel steigt der Jäger hinauf; vom Gewehr, das er über der Achsel trägt, hängt ein todter Hase; er führt zwei Hunde an der Leine hinter sich, ein dritter läuft vor ihm. Links auf dem Wege geht ein Weib mit einem Korbe auf dem Kopfe. Ebenda erhebt sich im Grunde ein zweiter bewaldeter Hügel. Rechts führt ein Weg zum Grunde, der rechts von einer Anhöhe mit Bäumen begränzt wird, aus welchen in der Tiefe ein Dach hervorsieht.

Ohne Bezeichnung.

Höhe 136, Breite 176 Millimeter.

I. Der nach links heraustretende Zweig des Baumes rechts beim Rande hat noch kein Laub.

II. Mit diesem Laub.

86. **Der Abend im Walde.**

Links erhebt sich ein Hügel, der sich sanft nach rechts neigt, wo im Vordergrunde Wasser zu sehen ist. Ueber den Hügel führt die Strasse und ist rechts von drei Bäumen und links vom Gebüsch und einem krummen Baume eingefasst. Auf derselben zieht ein Reiter nach dem Grunde und vorn am Fusse des Hügels hockt ein Mann mit einem Tragkorb. Rechts im Mittelgrunde ist Wald, der theilweise eingeplankt ist und von demselben führt ein Weg zum Wasser.

Rechts unten steht: *A W.*

Höhe 137, Breite 167 Millimeter.

I. Aetzdruck vor vielen Arbeiten, vor dem trockenen Aste, der sich 32 Millimeter von links und 38 Millimeter von oben befindet.

II. Mit diesem Aste und mehr mit dem Grabstichel bearbeitet.

87. **Die badenden Knaben.**

Vom Wasser im Vorgrunde steigt der Boden nach rechts in die Höhe und ist mit Bäumen reich besetzt, zwischen welchen der Weg sich hinzieht. Am Ufer bemerkt man drei Knaben, die sich anziehen und im Wasser einen vierten, welcher schwimmt. Im Grunde sieht man durch die Bäume eine grosse Stadt mit mehreren Thürmen.

Ohne Bezeichnung.

Höhe 136, Breite 167 Millimeter.

I. Auf dem Wege, der sich rechts um den Hügel nach vorn zieht, sieht man, halb gedeckt, zwei Männer.

II. Diese sind durch ein kleines dichtes Gebüsch gedeckt.

88. Die ruhende Familie.

Hügelige Landschaft mit einzeln stehenden Bäumen und Gebüsch besetzt. Im Mittelgrund stehen auf einem stark besonnten Hügel zwei grössere Bäume. Links vorn beginnt der Weg, der sich nach rechts zwischen den Hügeln verliert und auf dem in der Ferne ein Weib mit einem Kinde schreitet. Bei dem Hügel links vorn, neben dem Wege sieht man die ruhende Familie; der Mann und das Weib, ihr Kind säugend, sitzen und links steht ein Knabe.

Oben links bezeichnet: *A. Waterlo fe.*

Höhe 136, Breite 167 Millimeter.

I. Vor den trockenen Aesten des Baumes rechts, an dessen linker Seite.

II. Mit denselben.

89—94. Folge von sechs Blättern mit Städtansichten ohne Nummern.

89. Die beiden Wege, die zum Bach führen.

Der Bach vorn nimmt quer fast zwei Drittel des Blattes ein; an seinem Ufer erhebt sich in der Mitte eine kleine Anhöhe mit Gebüsch und zwei wenig belaubten Bäumchen. Links davon ist der eine Weg, der aus der Tiefe kommt, die eine weite Fernsicht gestattet; rechts davon ist der zweite, abschüssige Weg, auf dem ein Mann geht. Dieser kommt von der Höhe, welche theilweise bewaldete Felsen zeigt, die ganz im Grunde rechts in einen hohen Berg ausgehen.

Links oben steht: *Antoni Waterlo. f.*

Höhe 124, Breite 205 Millimeter.

I. Vor der zweiten Strichlage am Boden rechts unten und am dritten Plan links.

II. Mit derselben.

90. Ansicht einer Stadt (Rhenen).

Man sieht die Stadt in einer weiten Ebene im Mittelgrunde, sich vom linken Rande bis in die Mitte des Blattes erstreckend. Aus derselben ragt insbesondere eine Kirche mit einem hohen gothischen Thurme hervor. In der Mitte des Vordergrundes geht ein Mann, rechts ist theilweise ein Canal mit zwei Segeln zu sehen.

Links oben steht: *A W. ex.*

Höhe 118, Breite 210 Millimeter.

I. Vor schwerer Kreuzschraffirung auf dem linken und mittleren Hügel ganz vorn.

II. Mit derselben.

91. Die Ortschaft am Canal.

Von einem beschatteten Hügel, der den Vordergrund bildet, sieht man eine ebene Landschaft fast in Vogelperspective. Auf dem Hügel rechts sieht man einen Angler, einen Mann mit der Frau stehend und ein sitzendes Weib, vom Rücken. Am Fusse des Hügels fliesst der Canal durch die ganze Breite des Blattes, und an dessen jenseitigem Ufer ist zwischen Bäumen die Ortschaft sichtbar. Hinter dieser dehnt sich die Landschaft aus, und man sieht in derselben Felder, Bäume, Dörfer, Windmühlen und Canäle.

Links oben steht: *A W ex.*

Höhe 120, Breite 211 Millimeter.

I. Aetzdruck, vor der Bezeichnung: *A. W. ex.* (in diesem Zustand gilt das Blatt als eine Arbeit des H. Zeghers).

II. Mit diesem Monogramm.

III. Der gestochene Vordergrund rechts ist hinzugefügt worden.

92. Die Ortschaft auf dem Hügel.

Der Hügel steigt über die ganze Breite des Blattes nach rechts empor, wo auf dessen Höhe die Ortschaft steht und an der ein Weg sich nach rechts zum Vordergrunde herabneigt. Auf dem Wege ist halb ein Mann zu sehen. Vorn steht in der Mitte des Blattes ein grosser Baum, dessen Krone fast den oberen Rand berührt. Links sieht man zunächst einen Fluss und dahinter eine etwas aufsteigende Landschaft mit einer Windmühle am Horizont.

Links oben steht: *Antoni Waterlo f.*

Höhe 122, Breite 207 Millimeter.

I. Vor Ueberarbeitung des Vordergrundes mit dem Grabstichel.

II. Mit dieser Ueberarbeitung.

93. Die Ortschaft im Thale.

Den ganzen Vordergrund bildet eine unbebaute Anhöhe, zu deren Füssen sich zwischen Bäumen die Ortschaft ausbreitet. Links erhebt sich der Boden höher und zeigt eine Umfassungsmauer mit zwei runden Thürmen. Auch rechts steigt ein Berg empor. Den Grund bildet eine weite Ebene mit Bäumen, Dörfern und Canälen.

Links oben steht: *A. W. ex.*

Höhe 120, Breite 209 Millimeter.

I. Vor der Kreuzschraffirung mit dem Grabstichel auf dem Hügel links, darauf eine befestigte Mauer sich hinzieht. Das Dach der Kirche rechts hat nur eine Strichlage.

II. Ueberarbeitet.

(Das Blatt soll ebenfalls von H. Zeghers stammen; darauf dürfte auch der Umstand hinweisen, als nur die drei Blätter der Folge. No. 90, 91, 93, die Bezeichnung *A W ex.* tragen, während die übrigen drei mit vollem Namen Waterloo's bezeichnet sind.)

94. Die Mühle am Fuss des Berges.

Die Mühle steht links im Vordergrunde an einem Bache, der nach dem unteren Rande sich ausbreitet. Hinter der Mühle sind Bäume mit dichtem Baumschlag. Rechts, gegen die Mitte des Blattes, stehen zwei einzelne Bäume; ebenda sieht man einen Mann auf der Strasse, die sich nach rechts zieht und ebenda von Anhöhen begränzt wird, die von Gebüsch und Bäumen besetzt sind. Hinter der Mühle zieht sich eine ziemlich flache Anhöhe gegen rechts hin und aus ihr erhebt sich links ein Berg, an dessen Fuss ein Haus neben Gebüschen steht.

Links oben steht: *Antoni Waterlo f.*

Höhe 121, Breite 209 Millimeter.

I. Vor der Retouche mit dem Grabstichel, rechts unten.

II. Mit derselben. Diese Retouche scheint bei der ganzen Folge nicht dem Meister selbst anzugehören.

95—106. Folge von zwölf Blättern ohne Nummern.

95. Der Platz vor dem Wirthshause.

Ein hügeliger Platz nimmt den Vordergrund ein; links ist das Wirthshaus, in dessen Thüre ein Weib steht; vor derselben sitzt auf einer Bank ein Mann und ein Weib, dann weiter rechts stehen zwei Männer und sitzen drei auf der Erde. Links vorn sitzt ein Weib mit dem Kinde, von drei Männern und einem Hunde umgeben. Im Mittelgrund ist ein eingezäunter Garten neben der Mauer mit zwei Thürmen, wahrscheinlich einem früheren Schlosse.

Ohne Bezeichnung.

Höhe 150, Breite 205 Millimeter.

I. Vor der Retouche mit dem Grabstichel.
II. Mit derselben.

96. Eine Stadt mit mehreren Ruinen.

Die Stadt erhebt sich links über einer Anhöhe; namentlich sind links am Rande Ruinen eines grossen Gebäudes, von denen über einen Unterbau mit Gewölben sich der Weg nach rechts zum Vordergrunde herabzieht, wo rechts zwei Bäume neben einer Hütte stehen, an deren Fusse ein sitzender Mann mit einem Eseltreiber spricht. In der Mitte treibt ein Hirt seine Heerde und links sieht man in der Umgebung eines Wasserbehälters mehrere Personen.

Links oben steht: *Antoni Waterlo f.*

Höhe 153, Breite 206 Millimeter.

97. Die beiden Brücken.

Auf einer Anhöhe links sieht man eine Ortschaft, die sich bis in die Mitte des Blattes ausbreitet und von der eine Treppe herabführt und eine steinerne Brücke zum rechten Ufer über den aus der Tiefe zum Vordergrund fliessenden Bach sich spannt. Zu dieser Brücke führt ein Weg, auf dem ein Eseltreiber zum Städtchen schreitet. Unterhalb der Treppe, in gleicher Richtung mit der steinernen Brücke, führt ein hölzerner Steg zum anderen Ufer, wo sich eine Gruppe von drei Bäumen befindet. Am Fuss der Treppe ist ein sitzendes Weib mit einem stehenden Mann in Unterredung begriffen. Oben links steht: *Antoni Waterlo in et fc.*

Höhe 151, Breite 205 Millimeter.

I. Vor vielen Arbeiten, namentlich vor den senkrechten Strichen im beschatteten Theile des Hauses neben der Treppe, vor Kreuzstrichen auf dem Felsen links beim Rande u. s. w.

II. Mit den angedeuteten Arbeiten.

98. Das Fort auf felsiger Höhe.

Das Fort erhebt sich rechts auf einem theilweise mit Bäumen bewachsenen Felsen, an dessen Fuss zwei Wasserfälle zu sehen sind, aus denen sich ein nach vorn fliessender Bach bildet. Links ist ein Hügel, der sich in die Tiefe verlängert und zwei grosse Bäume, davon der links stehende nur theilweise sichtbar ist. Zwischen dem Felsen und dem Hügel zieht sich die Strasse in der Vertiefung zum Hintergrunde, der eine bergige Landschaft zeigt; auf dem Wege sieht man neben einem Korbe einen sitzenden Mann mit dem Weibe und weiter geht ein Mann mit einem Hunde.

Links oben steht: *Antoni Waterlo in. et fc.*

Höhe 149, Breite 204 Millimeter.

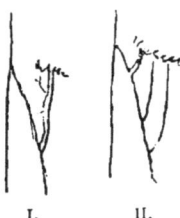

I. Das Gebirge im äussersten Grunde ist nicht mit der kalten Nadel bearbeitet, vor Verstärkung der Aeste der Bäume links. In der Luft ist eine Schramme.

II. Diese ist getilgt; mit den angedeuteten Arbeiten.

99. Die natürliche Waldallee.

Ueber den Hügel, der von links fast über die ganze Breite des Blattes nach rechts bis zum Flusse abfällt, zieht sich in die Höhe der Weg, der von beiden Seiten von einer Reihe von Bäumen eingefasst ist, die eine natürliche Allee bilden. Auf dem Wege bemerkt man oben zwei Wanderer. Die Ufer des Flusses sind mit Bäumen besetzt.

Ohne Bezeichnung.

Höhe 151, Breite 205 Millimeter.

I. Der Vordergrund ist weniger bearbeitet, vor einem

dürren Ast zwischen den Bäumen, 83 Millimeter vom rechten und 80 Millimeter vom unteren Rande entfernt.

II. Ueberarbeitet. Zwischen den beiden hohen Bäumen in der Mitte ist ein trockener Ast über dem Baumschlag zu Tage getreten.

100. Das grosse Thor.

Im Mittelgrund steht auf dem Hügel ein kleines Haus und rechts ein grosses Gebäude. Beide sind durch eine Mauer verbunden, durch die ein grosses Thor führt. Hinter dem Thore ist noch ein Haus und dann Bäume sichtbar. Ein einzelner Baum erhebt sich hinter dem Thor, ein zweiter hoher rechts vorn und weiter am Rande zwei kleinere. Der Hügel links ist auch mit Bäumen besetzt. Hier sitzt im Schatten ein Weib und steht ein Mann mit einem Hunde. Zwei Figuren sind unter dem Thore sichtbar.

Ohne Bezeichnung.

Höhe 152, Breite 204 Millimeter.

I. Vor den senkrechten Strichen am Vordertheil des Hauses links.

II. Mit denselben.

101. Die beiden steinernen Brücken.

Der Fluss, der aus der Tiefe kommt, dehnt sich im Vordergrund über die ganze Breite des Blattes aus. Am Ufer desselben sieht man links eine ruinöse Baulichkeit mit dem Thor, von dem eine Brücke zum anderen Ufer führt. Diese Brücke hat zwei Bogen, deren rechter zerstört und durch einen hölzernen Steg ersetzt ist. Auf diesem Steg befinden sich zwei Reiter und ein Knabe auf dem Wege zur Stadt. Rechts steht eine abgerundete starke Mauer, die mit Bäumen bedeckt ist und an deren Fuss sich ein Steg auf Piloten herumzieht. Hier sitzt ein Angler. Unter dem zweiten Brückenbogen sieht man die zweite steinerne Brücke im Hintergrunde, die zu einer Ortschaft führt.

Ohne Bezeichnung.

Höhe 156, Breite 210 Millimeter.

I. Vor Ueberarbeitung mit dem Grabstichel an vielen Stellen.

II. Mit derselben.

102. Die Heerde vor der steinernen Brücke.

Der Fluss kommt vom Grunde nach links; über denselben spannt sich die steinerne Brücke mit zwei Bogen aus. Am Ufer links bemerkt man zwei Häuser, hinter welchen viele Bäume sichtbar sind. Beim Rande rechts steht ein Felsen mit Bäumen bewachsen. In der Mitte des Blattes ganz vorn liegen zwei Baumstämme am Ufer, auf denselben sitzen zwei Männer und unterhalten sich mit einem dritten stehenden. Ein Hirt treibt vier Kühe und ein Schaf auf die Brücke.

Links oben steht: *Antoni Waterlo in et. fc.*

Höhe 153, Breite 205 Millimeter.

103. Die Mühle im Walde.

Links neigt sich ein bewaldeter Hügel nach rechts über die Hälfte des Blattes hinab; rechts kommt ein Bach zum Vorschein, der das Rad der jenseits stehenden Mühle treibt, die von Bäumen umgeben ist. Von der Mühle, in deren Thür ein Weib steht, ist über dem Rade ein Steg zum Hügel links angebracht. Links ganz vorn sieht man zwei Männer, deren einer den Esel mit Reisig beladet und zwei spielende Hunde.

Links oben steht: *Antoni Waterlo in et fc et ex.*

Höhe 152, Breite 204 Millimeter.

I. Aetzdruck, vor vielen Arbeiten, namentlich vor senkrechter Strichlage im beschatteten Theile der Mühle, besonders rechts vom Mühlrade, vor den Steinen im Wasser rechts unten.

II. Im Schatten des Baumschlags der Bäume sind vielfach neue Strichlagen zu bemerken; die Steine im Wasser sind deutlich ausgedrückt, die Arbeiten am Mauerwerk der Mühle hinzugethan.

104. Die beiden Jäger im Walde.

Waldige Hügellandschaft. Links zieht sich der Weg nach unten und auf diesem gehen die beiden Jäger, der eine mit dem Falken; jeder ist von einem Jagdhund begleitet.

Rechts bildet ein Bächlein, das zum Vordergrunde fliesst, einen kleinen Wasserfall. Auf dem Ufer rechts stehen Weiden.

Links oben steht: *Antoni Waterlo in et fe.*

Höhe 154, Breite 206 Millimeter.

I. Aetzdruck; vor Ueberarbeitung fast des ganzen Blattes, auf dem Hügel rechts im Grunde sind nur drei gleich schwache Baumstämme sichtbar.

II. Ueberarbeitet; man sieht jetzt vier Stämme, darunter der vierte, vom rechten Rande am weitesten entfernte stark geworden ist.

105. Die beiden ruhenden Jäger.

In einer Waldlandschaft sieht man links eine eingehegte Hütte, an welcher der Weg nach vorn führt. In der Mitte des Blattes stehen drei grosse Bäume, von denen zwei nach rechts sich neigen. Am Fuss des links stehenden sitzen am Rasen zwei Jäger, die von zwei Hunden begleitet sind. Im Grunde sieht man zwischen Bäumen das Dach eines Hauses und ganz hinten rechts einen Thurm hervorragen. Ein Bach kommt zwischen Gebüsch hervor und fliesst nach vorn.

Ohne Bezeichnung.

Höhe 155, Breite 205 Millimeter.

106. Die Ortschaft auf der Höhe.

Im Vordergrund stehen auf einem Hügel in der Mitte des Blattes zwei Bäume und der Strunk eines dritten; unterhalb dieses Hügels lagern zwei Weiber beim Wege, der von links um den Hügel herum geht. Auf diesem kommt, nur halb sichtbar, ein Hirt hinauf. Rechts vorn fliesst ein Bach, der zwischen Steinen einen kleinen Fall bildet. Rechts ist hügeliges Land, das im Grunde zu einer Anhöhe sich bildet, auf der zwischen Bäumen die Ortschaft liegt.

Links oben steht: *Antoni Waterlo in et fc.*

Höhe 148, Breite 205 Millimeter.

I. Die Bäume links sind leicht behandelt; am linken Rande in halber Höhe ist ein weisser Fleck. Die Steine im Wasser sind kaum sichtbar, vor der horizontalen Strichlage am Dache der Kirche, vor den beiden dürren Aesten, die vom grossen Baume in der Mitte des Blattes nach links heraustreten.

II. Bearbeitet und durch angedeutete Zusätze vermehrt; das Schilf am Wasser rechts ist stark ausgedrückt; mit den beiden dürren Aesten.

107—112. Folge von sechs Blatt, Landschaften, links unten numerirt.

107. Der Eingang zum Walde über eine Brücke.

Zum Vorgrund fliesst in der Mitte ein Bächlein, auf dem zwei Enten schwimmen und über das eine hölzerne Brücke zum Walde führt, der links bis in die Mitte des Blattes sich ausdehnt und eingeplankt ist. Vor diesen Planken steht ein Baumstamm und zwei grosse Bäume. Rechts sehen aus dem Walde einzelne Dächer von Bauernhäusern hervor. Im Grunde ist in der Mitte eine Ortschaft mit einer Kirche und eine Windmühle sichtbar.

Rechts im Unterrande steht: *Antoni Waterlo fe.*

Höhe 225, Breite 288 Millimeter.

I. Vor zwei dürren Zweigen oben am dürren Baume links, vor den senkrechten Strichen am Stamme des zweiten Baumes (von links), vor einem kleinen Grasbüschel im Wasser zwischen dem Schilf und der Ente. Bezeichnet links unten: 1.

II. Mit diesen Zusätzen, vor Ueberarbeitung des Baumschlages links oben. Bezeichnet: *I.*

III. Retouchirt.

108. Der Waldweg zwischen zwei Waldgehegen.

Der Weg kommt vom linken Hintergrunde nach vorn und ist auf beiden Seiten vom Gehege begränzt, das aus Planken hergestellt, die Waldungen umgiebt. Vor den Planken rechts stehen knapp beisammen drei starke Bäume, deren Kronen indessen ausserhalb des oberen Randes zu denken sind.

Im Unterrande steht rechts: *Antoni Waterlo fe.*

Höhe 224, Breite 286 Millimeter.

I. Der Baumschlag im Hintergrunde ist reine Aetzung, die Strasse, die sich zum Vordergrunde zieht, hat links keinen

Schatten bis zur Einfassung, man sieht am Rande derselben eine grosse Pflanze.

II. Ueberarbeitet; die Strasse ist links beschattet; an Stelle der Pflanze sieht man Buschwerk.

109. Die durch den Bach gehenden Reisenden.

Ein sanfter Hügel fällt gegen rechts ab, wo man einen Mann und ein Weib mit dem Hunde durch den Bach gehen sieht, während ein zweiter Mann, bereits am Ufer sitzend, sich den Stiefel anzieht. Links beim Rande vorn erheben sich zwei starke Bäume, deren Kronen durch den oberen Rand abgekürzt sind. Hinter denselben liegt ein eingezäuntes Feld und im Grunde Wald. Rechts im Grunde ist zwischen Bäumen das Dach einer Hütte sichtbar.

Im Unterrande steht gegen links: *Antoni Waterlo. fe.*

Höhe 224, Breite 283 Millimeter.

I. Die Figuren im Wasser sind reine Aetzung; vor Kreuzschraffirung auf dem Hügel hinter dem sitzenden Mann und auf dem isolirt stehenden Baume.

II. Der vordere Baum links beim Rande hat mehrere trockene Aeste oben neben der Wolke bekommen. Der Hügel und der einzeln stehende Baum sind überarbeitet.

III. Die beiden Figuren im Wasser tragen Retouchen im Schatten ihrer Bekleidung.

110. Der Bauer mit dem Spaten.

Rechts steht eine Gruppe von Bäumen, unter denen sich ein Strunk befindet. In der Mitte stehen auf einem Hügel drei Weidenbäume, und zwischen diesen und dem Walde rechts liegt auf der Erde der Hirt und steht der Bauer mit dem Spaten. In ihrer Nähe grasen mehrere Schafe. Links zieht sich am Hügel vorbei der Weg nach dem Hintergrunde. Zunächst ist ein Plankenzaun, dann links eine Hütte zwischen Bäumen und schliesslich weite Fernsicht.

Rechts im Unterrande steht: *Antoni Waterloo fe.*

Höhe 225, Breite 283 Millimeter.

I. Vor mehreren dürren Aestchen an dem Hauptaste des zweiten Baumes von rechts, der sich bis zur Mitte des Blattes erstreckt; das Ufer über dem Wasser in der unteren rechten Ecke hat nur eine wagrechte Strichlage.

II. Mit den kleinen dürren Aesten und mit senkrechter Strichlage des Ufers, welche die wagrechte durchkreuzt.

111. Reisender Krämer in Ruhe.

Rechts geht vom Vordergrund der Weg über einen Hügel in den etwas tiefer gelegenen dichten Wald, an einem vorn stehenden grossen Baum vorbei, vor dem der Reisende, mit Gepäck auf dem Rücken, auf dem Rasen sitzt, wie auch der vor ihm stehende Hund. Auf dem Wege verliert sich im Grunde ein zweiter Reisender in der Tiefe. Links kommt von der Ferne das Wasser nach vorn, der Wald bildet sein Ufer. Am jenseitigen Ufer links steht ein hoher, wenig belaubter Baum, umgeben von kleineren Bäumen.

Rechts im Unterrande steht: *Antoni Waterloo fe.*

Höhe 225, Breite 287 Millimeter.

I. Vor der gekrümmten Strichlage am Stamme des nach links geneigten Weidenbaumes und vor Verstärkungen der Pflanzen bei den beiden Weiden in der Mitte des Blattes, vor dem Manne mit dem Hunde.

II. Mit den beiden genannten Zusätzen.

112. Waldlandschaft mit zwei Männern in der Vertiefung.

Nach der rechten Seite erhebt sich der Boden zu einer Anhöhe, über welche der Weg zum Vordergrunde herabsteigt, nachdem er durch einen vertieften Einschnitt unterbrochen wurde. In der Vertiefung sind theilweise zwei Wanderer sichtbar. Ueber die Höhe breitet sich bis zum rechten Rande der Wald aus. Links ist freie Aussicht; in der Ferne gewahrt man eine Stadt.

Im Unterrande steht rechts: *Antoni Waterloo fc.*

Höhe 225, Breite 286 Millimeter.

I. Vor vielen Arbeiten, namentlich an dem Baumstamm rechts im Vordergrunde, an den Stämmen der Baumgruppe, die sich 66 Millimeter vom rechten Stichrande entfernt befindet; der Weg aus der Tiefe nach dem linken Vordergrund ist nur wenig beschattet, die Pflanzen links unten beim Rande treten deutlich hervor.

II. Mit diesen Arbeiten; der Schatten am Wege ist grösser und geht bis zu den Pflanzen in der Mitte des Blattes unten; die Pflanzen links sind gedeckt mit Strichlagen, so dass diese linke Ecke des Blattes ganz dunkel erscheint.

113—118. Folge von sechs Landschaften mit Nummern rechts unten.

113. Die grosse Linde vor dem Wirthshause.

Vor einer Waldung, die sich eingeplankt rechts bis zum Rande ausdehnt, steht gegen die Mitte zu ein Wirthshaus, an dem die Strasse nach vorn vorbeiführt und vor dem die grosse Linde steht. Ein Kärrner will eben in's Haus eintreten, unter der Linde sitzt ein Mann mit dem Tragkorb, und tiefer zieht ein Reiter und ein Knabe in die Ferne. Ganz vorn steht ein Baumstrunk, rechts stehen vor den Planken zwei Linden nebeneinander und liegen zwei Baumstämme im Grase. Links in der Ferne erblickt man zwischen Bäumen eine Ortschaft.

Bezeichnet links im Unterrande: *Anthonius Waterloo invenit et fecit.*

Höhe 236, Breite 289 Millimeter.

I. Aetzdruck. Der Hintergrund ist weniger bearbeitet, der Schatten des hügeligen Terrains links von der Linde hat nur eine einfache Strichlage.

II. Ganz überarbeitet, der erwähnte Schatten hat eine zweite Strichlage erhalten; auch sonst ist überall der Schatten verstärkt.

114. Der Steg im Walde.

In der Mitte des Blattes erhebt sich ein Hügel, auf dem zwei grosse Bäume stehen; am Fusse desselben sitzt ein Weib und ein Mann mit einem Tragkorb und Stock. An diesem Hügel vorbei kommt links ein Bach, der einen kleinen Fall bildet, zum Vordergrund und wird von einem hölzernen Steg überspannt, auf dem ein Weib mit dem Tragkorb, gefolgt von einem kleinen Mädchen, nach rechts geht, um hier den Weg zu erreichen, der am Hügel vorbei sich rechts in der Ferne verliert. Links im Grunde ist Wald.

Im Unterrande steht links: *Antoni Waterlo fe. et inv.*

Höhe 236, Breite 292 Millimeter.

I. Aetzdruck vor vielen Arbeiten; die beiden kleinen Bäumchen nahe dem rechten Stichrande sind ohne Laub, der Weg, der von der Brücke zum vorderen Wege führt, ist nicht beschattet.

II. Mit den erwähnten Zuthaten; überhaupt sind alle Bäume weiter ausgeführt.

115. Der breite Waldweg.

Der Wald, der sich rechts und links ausbreitet, lässt in der Mitte einen lichten Platz und breiten Weg offen, der sich vom Hintergrund nach vorn schlängelt. Links ganz vorn stehen zwei grosse Bäume, deren Stämme sich kreuzen; rechts von ihnen, im Mittelgrund stehen zwei kleinere Bäume, deren einer stark nach links geneigt ist. Rechts vorn ist ein von Schilf eingefasster Sumpf. Auf dem Wege vorn geht ein Mann und trägt auf dem Rücken ein Bündel mit dem Stock. Zwei andere Figuren sieht man in der Ferne auf dem Wege.

Im Unterrande links steht: *Anthonius Waterloo invenit et fecit.*

Höhe 237, Breite 289 Millimeter.

I. Aetzdruck, vor den zwei Figuren in der Mitte des Mittelgrundes und vor dem Mann am Wege vorn, vor der Verstärkung des Grasfleckes zwischen den Bäumen links und dem zu ihnen geneigten Baume, an dessen rechter Seite des Stammes ein Laubbüschel fehlt, eben so an der rechten Seite des nächsten starken Baumstammes.

II. Mit den drei Figuren und sonst überarbeitet.

116. Das Bauernhaus am Ufer des Wassers.

Links steht zwischen Bäumen das Bauernhaus, von Planken eingesäumt, zwischen welchen eine offene Thür erscheint. Vor denselben, knapp am Ufer des Flusses, der rechts aus dem Grunde kommt und nach links fliesst, stehen zwei grosse Bäume und rechts, auf der Erdzunge zwei kleine Bäume und zwei Weiden. In einem Kahn sieht man am Wasser einen sitzenden Angler und rechts beim Rande einen verkrüppelten Baum mit wenig Laub und im fernen Hintergrunde eine Stadt.

Im Unterrande links steht: *Anthonius Waterloo invenit et fecit.*

Höhe 238, Breite 290 Millimeter.

I. Aetzdruck. Der Baum rechts beim Rande hat kein Laub und es fehlen die beiden Aeste rechts, die von ihm in der Höhe des Kahns ausgehen und sich nach oben richten. Auf der Landzunge stehen zwei Weidenbäume und ein dünner gerader Baum.

II. Der Baumstamm rechts ist belaubt, die beiden Aeste sind hinzugekommen, zwischen den Weiden und dem schlanken Baume steht hinten noch ein, nach links geneigtes Bäumchen; das Schilf ist verstärkt. Vor der Retouche.

III. Retouchirt.

117. Die aus dem Walde kommende Landstrasse.

Aus dem Walde, der sich rechts über den grössten Theil des Blattes ausbreitet, kommt an einem niedrigen Gehege vorbei die Landstrasse nach dem linken Vordergrund, wo sie von einem Aehrenfeld begränzt wird. Auf einem mässigen Hügel in der Mitte steht ein grösserer Baum zwischen zwei kleineren; ein offenes hölzernes Thor führt zum Hügel. Auf der Strasse kommt aus dem Walde ein Reiter. Rechts vorn stehen wie zusammengewachsen zwei grosse Bäume, deren Kronen oben vom Rande durchschnitten sind.

Im Unterrande steht links: *Antonius Waterlo invetor* (sic!) *et fecit.*

Höhe 235, Breite 292 Millimeter.

I. Aetzdruck vor der No. 5 im Unterrande rechts. Mit drei Reitern auf der Strasse, die aber schwach geätzt sind.

Vor dem kleinen gabelförmigen Aste, der sich
über der Pflanze am Fusse der Baumgruppe
rechts erhebt, vor vielen Retouchen am und
vor dem Getreidefelde links.

II. Zwei Reiter sind verschwunden und nur der eine
ist mit verstärkter Linie umrissen; die Strasse vor ihm ist
sehr hell.

III. Ueberarbeitet; die Strasse beim Reiter
ist schattiger; mit dem trockenen Zweig rechts
am Boden zu den Füssen des Baumes, mit
mehr Gras- und Getreidehalmen im Felde links.

118. Der schlafende Hirt.

Den Hintergrund bildet über die ganze Breite des Blattes
die Waldung, an der entlang von rechts bis zur Mitte ein
Zaun geht. Vor diesem steht rechts auf dem Hügel ein
grosser Baum. An diesen Hügel schliesst sich links ein
zweiter an und auf diesem schläft der Hirt und weiden dessen
Schafe. Unterhalb dieses Hügels links sieht man ein halb
abgemähtes Feld. Ebenda im Vordergrund steht ein einzelner Baum, an dem der Weg zur Mitte des Vordergrundes
vorbeiführt.

Im Unterrande steht links: *Antonius Waterlo inventor
et fecit.*

Höhe 234, Breite 292 Millimeter.

I. Aetzdruck. Vor mehre-
ren dürren Aesten am Stamm
des links isolirt stehenden Baumes, vor dem Grasbüschel an
dessen Fusse.

II. Mit den dürren Aesten
und dem Grasbüschel.

119—124. Folge von Landschaften in die Höhe.
Ohne Nummern.

119. Die Mühle.

Rechts steht die strohbedeckte Mühle von Bäumen umgeben; namentlich ist vor derselben rechts auf dem mit

Pflanzen besetztem Hügel ein grosser Baum, dessen Krone bis zum oberen Rande reicht und in der Mitte zwei starke Weiden. Das Wasser fliesst von der Mühle nach rechts und ist links von einer felsigen Erhöhung eingefasst, auf der links eine Weide steht und einer kleinen hölzernen Kapelle zum Postament dient. An dieser Weide geht ein Weib mit grossem Hute, von einem Knaben begleitet, vorbei. Ueber ihr sind im Hintergrunde eine Windmühle und einzelne Häuser sichtbar.

Im Wasser rechts steht: *A Waterlo fecit.*

Höhe 290, Breite 236 Millimeter.

I. Aetzdruck vor vielen Arbeiten; die Bäume weniger im Schatten vollendet, das Dach der Mühle ist fast weiss, das Wasser mehr hell, die Wolke links oben reicht nur bis zu dem dürren Ast; der Stamm des Weidenbaumes mit der Kapelle hat eine grosse lichte Stelle.

II. An allen diesen genannten Stellen weiter bearbeitet.

120. Der beim Bach saufende Hund.

Rechts, theilweise auf einem Felsen ruhend, sieht man eine Gruppe grosser Bäume, deren Kronen vom oberen Rande durchschnitten sind. Zwischen dieser Partie und dem Gebüsche links, aus dem sich ein Baum erhebt, führt vom Hintergrunde die Strasse nach vorn, wo am Ufer des Baches ein stehender Bauer mit dem Stocke und ein sitzender, seine Füsse waschend, zu sehen sind. Neben dem letzteren sauft ein grosser Hund. Im Grunde links sieht man eine Anhöhe.

Links oben steht: *A. W. in et f.*

Höhe 290, Breite 235 Millimeter.

I. Vor dem Monogramm links oben, vor Arbeiten an den Stämmen der Bäume mit dem Grabstichel.

II. Mit dem Monogramm und mit diesen Arbeiten.

121. Das bucklige Männchen.

Der aufsteigende Boden links ist hügelig und felsig und mit hohen Bäumen bewachsen; vorn am Rande steht ein starker knorriger Baum. Zwischen diesem Terrain und dem rechts befindlichen ist ein schmaler Graben, in dem der Bach einen kleinen Fall bildet uud dann zum Vordergrunde fliesst. Ueber dem Wasserfall verbindet ein hölzerner Steg beide

Ufer und auf demselben schreitet das bucklige Männchen mit Hut und Mantel, gefolgt von einem Knaben, nach links; ein Hund springt ihnen voran. In einer Vertiefung des Waldes ist die halbe Figur eines Mannes zu sehen. Den rechten Hintergrund bildet eine waldige Landschaft.

Unten, fast in der Mitte, steht: *A W inventor et fecit.*

Höhe 290, Breite 237 Millimeter.

I. Vor Grabstichelarbeiten in den Schattenpartien.
II. Mit denselben, vor der Retouche.

Es giebt neue retouchirte Abdrücke.

122. Die ruhende Mutter mit drei Kindern.

Auf einer Anhöhe, die sich nach rechts senkt, taucht aus einem mit Zaun umhegten Gehölz das Dach eines Bauernhauses empor. Innerhalb des Geheges links ist ein Bauer im Gespräch mit einem Weibe. Am Hügel entlang zieht sich der Weg vom Vordergrund nach rechts in die Tiefe, wo er durch ein Plankenthor abgeschlossen wird. Neben dem Wege rechts vorne sitzt die Mutter vom Rücken gesehen und ist von drei Kindern umgeben, deren jüngstes in einem Tragkorb sitzt.

Rechts unten steht: *A W f.*

Höhe 292, Breite 238 Millimeter.

I. Der Zweig der Weide in der Mitte des Blattes, der bis zum Fenster der Stirnseite der Hütte reicht, ist ohne Laub; vor Grabstichelarbeiten in den beschatteten Theilen.
II. Mit belaubtem Zweig und überarbeitet.

123. Zwei im Walde ruhende Wanderer.

Rechts stehen einander gegenüber zwei grosse Bäume, deren Kronen vom oberen Rand durchschnitten sind. Zwischen beiden zieht sich die Strasse aus der Tiefe des rechten Hintergrundes nach der rechten Seite des Vordergrundes und ist von Gebüschen und Waldung eingefasst. Die beiden Wanderer ruhen links auf dem Rasen und rechts wird ein sich nahender Reiter auf der Strasse halb sichtbar. Ihm gehen zwei Jagdhunde voran.

Links oben steht: *A. W. f.*

Höhe 289, Breite 237 Millimeter.

I. Vor Grabstichelarbeiten an den beiden starken Baumstämmen rechts.

II. Mit denselben. Die ganze Baumpartie im Grunde links ist in Schatten gesetzt.

124. Der hölzerne Steg im Walde.

Aus der Tiefe des Waldes zieht sich ein Bach nach vorn, wo er die ganze Breite des Blattes einnimmt und von Wasserpflanzen eingefasst wird. Rechts beim Rande steht ein grosser verkrüppelter Baum; über den Bach führt ein hölzerner Steg und links erblickt man im Grunde eine Kirche mit einem spitzigen Thurme.

Links unten im Wasser steht: *A W* und rechts vom Schilfe: *fe*.

Höhe 290, Breite 237 Millimeter.

I. Probedruck vor verschiedenen Arbeiten mit dem Grabstichel.

II. Mit denselben.

125—130. Folge von Landschaften mit mythologischen Darstellungen.

Mit Nummern links oben.

125. Alpheus und Arethusa.

Alpheus durchschreitet in Eile links den Fluss, die nackte Nymphe Arethusa verfolgend, die vom Rücken gesehen, rechts das Ufer erreicht hat und mit ausgebreiteten Händen zum Hintergrund flieht. Links zieht sich bis in den Grund dichter Wald hin; rechts steht eine Gruppe von drei hohen Bäumen, deren Kronen bis zum oberen Rande reichen.

Links oben steht: *Antoni Waterlo in. et f.*

Höhe 292, Breite 245 Millimeter.

I. Vor dem Namen und vor der No. 1. (Es scheint, dass ursprünglich die ganze Folge im ersten Abdruck so beschaffen war.)

II. Wie beschrieben.

126. Apollo und Daphne.

In der bergigen Landschaft führt ein Weg aus der Tiefe zum rechten Vordergrund, wo beim Stichrand ein krummer

Baum ohne Krone steht. In der Mitte des Blattes erheben sich zwei Bäume fast bis zum oberen Rande und in ihrer Nähe kommt Apollo mit dem Bogen aus der Tiefe hervor und verfolgt Daphne, die sich nach ihrem Verfolger umsehend, nach rechts flieht. Im Grunde rechts eine bewaldete Höhe, links bergige Landschaft.

Auf einem Steine rechts unten steht: *A. W. F.* und links oben: *Antoni Waterlo in. et f.*

Höhe 291, Breite 245 Millimeter.

I. Vor Arbeiten auf den Baumwipfeln im Mittelgrunde, dessen höchste Spitze etwa 80 Millimeter vom rechten und 204 Millimeter vom Unterrande entfernt ist.

(Das Monogramm auf dem Steine rechts unten scheint anzudeuten, dass es auch einen Zustand vor dem Namen oben geben dürfte.)

II. Mit diesen Arbeiten.

127. **Mercur und Argus.**

Rechts ist ein Wald, der bis in die Mitte des Blattes reicht, wo sich der Weg um ihn herumdreht und nach rechts vorn zieht. Rechts steht vor dem Walde Mercur, an einen Hügel gelehnt und schläfert, die Flöte blasend, Argus ein, der vor ihm sitzt und schlaftrunken das Haupt neigt. Hinter ihm steht Io in der Gestalt einer Kuh. Links sieht aus einer Gruppe von Bäumen ein Dach hervor.

Links oben steht: *A. W. in. et f.*

Höhe 290, Breite 244 Millimeter.

I. Vor Ueberarbeitung der Figuren; der Hals der Kuh ist weiss.

II. Die Schatten an den Figuren sind verstärkt.

128. **Pan und Syrinx.**

Die ganze Breite des Vordergrundes nimmt der Fluss Ladon ein, durch welchen Pan mit ausgebreiteten Händen Syrinx verfolgt, welche sich, furchtsam zurückblickend, in das dichte Schilf zu retten sucht, das sich vor ihr am Fuss eines mächtigen Baumes ausbreitet, dessen Krone den grössten Theil des Blattes ausfüllt. Im Grunde ist Wald, der nur rechts eine Aussicht in die bergige Ferne erlaubt.

Im Wasser rechts unten steht: *A. W. f.* und links oben: *A W in. et f.*

Höhe 292, Breite 244 Millimeter.

I. Vor Retouchen an den Figuren, vor einem horizontalen Strich über dem kleinen Stein am rechten Rande beim Wasser.

II. Mit den angedeuteten Zusätzen.

Hier gilt dasselbe, was bei No. 126 bemerkt wurde.

129. Venus und Adonis.

Den Vordergrund nimmt eine Höhe ein, die nach links aufsteigt und hier mit einem lichten Walde besetzt ist. Beim linken unteren Rande bemerkt man Wasser, an dessen Ufer drei hohe Bäume stehen. Rechts sitzt Adonis mit der Lanze auf einem Hügel, von zwei Jagdhunden umgeben, während Amor einen dritten an der Leine zurückzuhalten sich anstrengt. Vor Adonis liegt Venus auf den Knieen, ihn zärtlich anblickend, um ihn von der Jagd zurückzuhalten. Rechts im Grunde Waldlandschaft.

Links oben steht: *A. W. in. et f.*

Höhe 292, Breite 244 Millimeter.

I. Vor dem Namen und der Nummer. (Britisches Museum.)

II. Vor Retouchen an den Figuren, namentlich am linken Beine des Adonis, am Hügel, darauf er sitzt u. a. m.

III. Ueberarbeitet.

130. Der Tod des Adonis.

Der Hügel im Vordergrunde neigt sich nach links und ist im Grunde durch die ganze Breite des Blattes vom dichten Walde eingefasst. Vorn gegen rechts stehen, wie aus einer Wurzel kommend, zwei starke Bäume, deren Kronen den oberen Rand berühren. Der todte Adonis liegt vorn in der Mitte auf dem Rücken, mit dem Speer neben sich. Ein Jagdhund scheint ihn zu beklagen. Rechts im Mittelgrunde verfolgen zwei andere Hunde den Eber, der Adonis getödtet hat.

Links oben steht: *A. W. in. et f.*

Höhe 292, Breite 244 Millimeter.

I. Vor Verstärkung einzelner Stellen mit dem Grabstichel, mit einem Strich (Glitscher), der den Hals des rechts davoneilenden Ebers durchschneidet.

II. Verstärkt; der Glitscher verschwindet allmählich.

131—136. Folge von sechs Landschaften mit alttestamentlichen Darstellungen.

Ohne Nummern.

131. Hagar's Abreise.

Links steht im Schatten über felsigem Hügel eine Gruppe von drei Bäumen und rechts auf der Anhöhe ein umzäunter Wald; zwischen beiden führt die breite Strasse nach dem rechten Vordergrunde. Auf derselben schreitet Hagar, ein Päckchen tragend und die Thränen trocknend, an der rechten Seite Abrahams daher, der ihr mit der Hand nach rechts weist. Vor beiden geht Ismael mit dem Bogen und ein Hund läuft nach. In der Ferne ist sonnige Landschaft mit Bäumen und Häusern, durch einen Fluss belebt.

Rechts unten steht: *A W f in*.

Höhe 290, Breite 249 Millimeter.

132. Hagar vom Engel getröstet.

Links unten, am Fuss der Höhe, die von rechts nach links aufsteigt, sieht man einen Tümpel Wassers, der von einem kleinen Wasserfall genährt wird und an dessen Ufer einen starken knorrigen Baum; mehr nach rechts steht ein zweiter und tiefer eine Gruppe von sechs Bäumen. Zwischen dieser Gruppe und dem zweiten Baum liegt Ismael auf der Erde, und ganz rechts beim Rande sitzt Hagar, den Kopf in die Rechte gestützt, bei einem Hügel; vor ihr steht der Engel und weist mit der Rechten nach dem Wasser hin. Im Grunde hinter der Anhöhe ist Wald, über welchen rechts in der Ferne ein Berg sichtbar ist.

Rechts unterhalb der Hagar steht: *A. W. f. et in*.

Höhe 292, Breite 250 Millimeter.

I. Nach Rigal's Katalog sind die Figuren und die Bäume des Grundes schwach geätzt worden.

II. Fertig gestellt.

133. Der Prophet von Juda.

Hügelige, mit Bäumen besetzte Landschaft; vorn in der Mitte stehen auf einem Hügel zwei hohe Bäume, deren Kronen fast bis zum oberen Rande reichen. Rechts vom Hügel liegt auf dem Wege der todte Prophet und bei ihm sitzt der Löwe, der ihm den Tod gebracht hat. Tiefer auf dem Wege ist halb der Esel des Propheten sichtbar. Im Grunde links zieht sich ein Fluss hin, von Bäumen besetzt, und in der Ferne sieht man die Stadt Bethel.

Rechts unten steht: *A. W. f. in.*

Höhe 293, Breite 253 Millimeter.

I. Vor vielen Arbeiten; die Beine des Propheten sind nackt, dessen Gewand nicht durch Verstärkung umrissen, am Ufer des Wassers links sind spärliche Kräuter, das Wasser unter den vier Bäumen in der Mitte des Grundes ist nur mit horizontalen Strichen beschattet. Vor der Silbe *in* nach dem Monogramm.

II. Mit dieser Silbe, mit mehr Pflanzen am Ufer, die Baumstämme in der Mitte haben senkrechte starke Linien erhalten, die Beine des Propheten sind noch nackt und die Umrisse noch schwach.

III. Ueberarbeitet und fertig gestellt, die Beine des Propheten fester umrissen und das Gewand über den Knieen deutlich angedeutet.

134. Der junge Tobias mit dem Engel.

Links erheben sich zwei Felsenmassen, die mit Gesträuch und Bäumen bedeckt sind. Rechts zieht sich ein Hügel nach links bis zur Hälfte des Blattes hin. Zu seinen Füssen, rechts vorn, steht ein mächtiger Baum, ein wenig nach links geneigt, und neben ihm rechts zwei kleinere, die sich kreuzen. Zwischen dem Hügel und den Felsen ist ein Wasserfall, der den Bach im Vordergrund links bildet. Auf dem Hügel steht Tobias und links neben ihm der Engel, beide vom Rücken gesehen und vom Hunde begleitet. Der Engel zeigt nach der Landschaft des Hintergrundes, wo man die Stadt Rages und die Berge von Echatane bemerkt.

Links unten im Wasser steht: *A. W. f. et in.*

Höhe 290, Breite 249 Millimeter.

I. Vor dem Monogramm. (Im Britischen Museum.)
II. Mit demselben.

135. Sephora beschneidet ihren Sohn.

Links steht auf einem steilen, mit Gebüsch bewachsenen Felsen ein Haus, vor dem ein grosser Baum sich erhebt. Am Felsen vorbei fliesst zum Vorgrunde aus der Tiefe ein Bach, über den eine steinerne Brücke sich spannt, zu der rechts eine Treppe hinaufführt. Rechts beim Rande steht hinter Planken im Schatten ein Wirthshaus. Vor diesem steht vorn Moses mit dem Stock in der Linken, bedroht vom Engel mit dem Schwerte. Sephora kniet rechts und beschneidet ihren Sohn, der auf einem Steine liegt. Hinter diesem sieht man zum Theil einen Esel. Der Treppe nähert sich ein Mann mit dem Krug.

Rechts unten steht: *A. W. f. et in.*

Höhe 293, Breite 254 Millimeter.

I. Vor Retouchen am Baumstamm, der links über dem Felsen steht und vor anderen Arbeiten.
II. Mit denselben.

136. Elias in der Wüste.

In einer waldigen Landschaft, die ein Bach in der Richtung nach rechts zwischen Steinen durchfliesst, sitzt der Prophet links, vom Rücken gesehen, am Fusse einer Baumgruppe und streckt seine Rechte dem Raben entgegen, der über den Bach fliegend, ihm Speise bringt. Oben in der Luft schwebt ein zweiter Rabe, Brod im Schnabel tragend.

Links oben steht: *A. W. f. et. in.*

Höhe 292, Breite 253 Millimeter.

I. Aetzdruck. Unter dem Raben rechts oben ist kein Azur angedeutet; der untere Rabe ist leicht behandelt, das Obergewand, welches die Beine des Propheten bedeckt, hat eine weisse Stelle; Wasser und Pflanzen unfertig.

II. Mit dem Azur; der untere Rabe ist dunkel, das Gewand des Propheten und das Uebrige überarbeitet. Unter dem Brode des unteren Raben sieht man Aetzflecke.

III. Diese Aetzflecke sind getilgt.

APPENDIX.

a. Der vom schiefen Baum überwölbte Bach.

Der Bach, in welchem vorn drei Steine liegen, zieht sich von rechts nach dem linken Unterrande. Am diesseitigen Unterrande steht rechts ein nach links geneigter Baum, dessen breite Krone den Bach überwölbt, und neben demselben ist rechts theilweise der Stamm eines zweiten Baumes sichtbar. Am jenseitigen Ufer steht links auf einer Erhöhung eine Baumgruppe und dehnt sich nach rechts ein Wald aus; zwischen beiden ist Fernsicht auf ein Ackerfeld und einen Berg offen.

Links oben steht: *aw. ex.*

Höhe 120, Breite 146 Millimeter.

I. Vor der Ueberarbeitung mit dem Grabstichel, vor der No. 6. Die Arbeiten mit dem Grabstichel sind von fremder Hand und nur der Aetzdruck hat Anspruch, als Originalarbeit des Meisters genommen zu werden. Aeusserst selten.

II. Mit dem Grabstichel überarbeitet, mit der Nummer.

b. Der Ziegenhirt.

Er steht, auf seinen Stock gestützt, nach links gewendet, am Ufer des Flusses, der vom rechten Hintergrunde nach dem linken Vordergrunde fliesst. Auf dem jenseitigen Ufer sieht man auf einem bewachsenen Felsen einen ruinösen Thurm und weiter ziehen sich Berge am Ufer zum Grunde hin. Rechts ist eine Gruppe hoher Bäume und beim Hirten vier Ziegen.

Im Unterrande steht links: *A. waterlo fec.*

Höhe 140, Breite 110 Millimeter.

Obwohl mit dem vollen Namen bezeichnet, gehört das Blatt doch keineswegs Waterloo an, da es im Charakter gänzlich von seiner Kunst abweicht und vielmehr dem Naiwincx zuzuschreiben wäre. Es kommt nicht oft vor.

c. Die fischende Frau.

Sie sitzt auf einer kleinen Erdzunge vor dem Wasserfall und fischt im Flusse. Links schreitet zwischen zwei grossen Bäumen ein zweites, vom Rücken gesehenes Weib dahin. Zur Rechten fassen Bäume den Fluss ein und reichen bis zum Hintergrunde.

Rechts oben am Himmel steht: *A W' f*; links am Rande oben: *3de Verzoekt 1637*.

Höhe 105, Breite 131 Millimeter.

Ich habe das seltene Blatt nicht gesehen; wenn es aber, wie Dutuit sagt, ein Seitenstück zum vorigen Blatte ist, so muss es das Schicksal desselben theilen und dessen Echtheit bezweifelt werden. Bei Oppermann galt es nur 30 Mark.